Jens Heisterkamp

Karma neu denken

Jens Heisterkamp

Karma neu denken

Wiederverkörperung und Schicksal
als Herausforderung für die Vernunft

INFO3 VERLAG

Jens Heisterkamp
Karma neu denken

ISBN 978-3-95779-191-7
Schlanke Reihe Band 8

Erste Auflage 2023

Lektorat: Anna-Katharina Dehmelt, Frankfurt am Main
Korrektorat: Katharina de Roos, Bonn
Satz: Ulrich Schmid, de·te·pe, Aalen
Umschlag: Frank Schubert, Frankfurt am Main
Coverbild: Alexej von Jawlensky: Meditation (1934),
Wikimedia gemeinfrei
Druck: Custom Printing, Warszawa

Inhalt

Des Menschen Seele
gleicht dem Wasser:
Vom Himmel kommt es,
Zum Himmel steigt es,
Und wieder nieder
Zur Erde muss es,
Ewig wechselnd …

Goethe

Eine Idee, die Fragen aufwirft

Ist es denkbar, dass wir mehr als nur ein Mal leben? Dass wir vor diesem Leben bereits mehrmals existiert haben? Dass unsere Existenz Folgen haben wird, auch über dieses eine Leben hinaus – dass wir wiederkommen? Diese Perspektive zu öffnen berührt etwas Rätselhaftes und Intimes. Komme ich wieder – ich? Das ist doch so unmittelbar nah, so unverwechselbar eigen – was soll denn da eigentlich wiederkommen? Wo wäre ich denn in der Zwischenzeit gewesen und wo sollte ich nach dem Tod sein? Wenn es Wiederverkörperung geben würde, wäre Vieles infrage gestellt. Es ist eine radikale Idee, die mit so manchem nicht zusammenpasst, was wir über uns Menschen und die Wirklichkeit zu denken gewohnt sind. Eine Idee, die lange Zeit mehr der Esoterik zugeordnet wurde und die man wahlweise als eine exotische Kulturblüte aus dem Osten oder als persönliche Spinnerei abtun konnte.

Inzwischen wird jedoch das Sprechen über Wiederverkörperung selbstverständlicher. Reinkarnation taucht beispielsweise als Film-Motiv auf: Im Jahr 2012 inszenierte Tom Tykwer in seinem Film *Cloud Atlas* die Idee der Wiederverkörperung und spielte in dem über mehrere Jahrhunderte ausgelegten Plot mit der Möglichkeit, dass manche Persönlichkeiten in ganz anderen Rollen wiederkämen. Auch in anderen Filmen, Serien und Romanen klingt das Motiv an. Inzwischen hält es sogar Einzug in die Alltagskultur: „Schlechtes Karma loswerden: So geht's", verheißt etwa ein Artikel auf *Focus Online* vom Januar 2022. Eine in Frankfurt am Main ansässige Initiative gegen Kinderarmut in Indien heißt *Karmaheld* und die Stiftung *Plan International* betreibt zur Ausbildungsförderung junger Frauen in Entwicklungsländern die *Gutes Karma Stiftung*. So etwas scheint schon fast selbstverständlich, auch wenn die Bezeichnungen etwas augenzwinkernd gemeint sein mögen. In Deutschland sind jedenfalls inzwischen 35 Prozent der Befragten davon überzeugt, schon einmal gelebt zu haben, so die Plattform *statista* Stand 2017. Der Religionswissenschaftler Helmut Obst (*Reinkarnation – Weltgeschichte einer Idee*, 2009) spricht gar von Reinkarnation als

einer „transreligiösen Erfolgsidee" – was übrigens auch unter Kirchenmitgliedern gilt, wie der evangelische Theologe Rüdiger Sachau bereits 1998 mit Hinweis auf eine Befragung von Schweizer Gemeinden festgestellt hat. Es glauben heute mehr Menschen an Wiedergeburt als an die Auferstehung.

Diese Popularisierung sollte nicht darüber hinwegtäuschen, dass es hier um alles andere als um eine einfache Sache geht und dass sich vermutlich viele, denen die Reinkarnationsvorstellung sympathisch ist, die Konsequenzen dieser Idee keineswegs klarmachen. Die Idee von Reinkarnation und Karma (oder Wiederverkörperung und Schicksal) ist neu und ungewohnt im westlichen Denken. Und um es in einem Satz zu sagen: Sie scheint in Widerspruch zu allem zu stehen, was auf wissenschaftlich solidem Boden steht. Manche sehen in dieser Idee sogar ein Einfallstor für Menschen, die mit der Komplexität des modernen Lebens nicht zurechtkommen und zu irrational anmutenden Konzepten Zuflucht nehmen. Das wird dann als Signal für gesellschaftliche Gefahr im Verzug interpretiert. Dass manche Vertreterinnen und Vertreter dieser Idee in der Tat nicht gerade durch Seriosität glänzen, dass sie beispielsweise zu Spekulationen

neigen, in einem früheren Leben diese oder jene Persönlichkeit gewesen zu sein, macht die Sache nicht vertrauenswürdiger. Erst recht gilt das, wenn jemand sich mit verwegener Ahnungslosigkeit anmaßt, das Glück oder Unglück anderer Menschen aus einem früheren Leben erklären zu können.

Das liegt aber alles nicht an dieser Idee selbst. Wir können vielmehr für sie, wie ich zeigen möchte, durchaus diskussionswürdige Gründe vorbringen. Und mit der Meinung, dass man doch als Angehöriger eines wissenschaftlichen Zeitalters nicht eine Idee wie die Wiederverkörperung auch nur ansatzweise ernst nehmen könne, sollte man auch vorsichtig sein. Niemand Geringerer als Markus Gabriel, einer der angesagtesten Philosophen der Gegenwart, sagt dazu: „Auch den Glauben an die Reinkarnation […] können wir nicht naturwissenschaftlich widerlegen oder ausschließen, weil Naturwissenschaften stets nur beschreiben, erklären und teilweise vorhersagen können, wie sich Prozesse und Strukturen im Universum entwickeln, ohne dass daraus jemals abgeleitet werden könnte, dass es nur diejenigen Prozesse und Strukturen gibt, die von den Naturwissenschaften erforscht werden.“ (Markus Gabriel, *Der Mensch als Tier*, 2022)

Die Idee von Reinkarnation und Karma ist nicht im klassischen Sinne „beweisbar", aber sie ist es wert, ernsthaft geprüft zu werden. Die leitende Absicht in dieser kleinen Schrift wird es sein zu fragen, wie weit wir kommen, wenn wir dem Prinzip von Reinkarnation und Karma gedanklich nachgehen. Es wird hier also nicht um neugierige Zuordnungsfragen gehen, nicht um ein „Who is Who" von Reinkarnationsfolgen und auch nicht um Tipps, wie man eigene frühere Inkarnationen herausfinden kann. All das mag tun, wer will, aber auf den folgenden Seiten wird es nicht um diese Formen einer Gebrauchs-Esoterik gehen, sondern ums Prinzip. Es kann versichert werden, dass es, soweit das bei diesem Thema möglich ist, vernünftig zugehen soll. Das bedeutet vor allem, dass ich bemüht sein werde, die Unterschiede zwischen philosophischer Phänomenologie, gedanklicher Schlussfolgerung und Spekulation immer transparent zu halten; ich werde differenzieren zwischen dem, was ich aus eigener Einsicht glaube vertreten zu können und dem, was ich aus anderen Quellen übernehme. Zu diesen „anderen Quellen" zählt für mich vor allem die Anthroposophie Rudolf Steiners. Und ich hoffe es gelingt mir, auch im Umgang mit dieser Quelle

immer die Unterscheidung deutlich zu machen, was hier von mir selbst verstanden wurde und was ein übernommener, vorausgesetzter Inhalt ist. Die Haltung des offenen Fragens ist mir bei alldem immer die Richtschnur – sehen wir, wohin das führen kann.

Soviel glaube ich jedoch vorausschicken zu können: Die Idee von Reinkarnation und Karma hat ein verborgenes Potenzial – es liegt in ihr so etwas wie ein philosophischer „Stein der Weisen", der alles ändern könnte, den gesamten Blick auf uns selbst und die Welt.

Dass sie heute auch auf viel Skepsis stößt, überrascht deshalb nicht. Eine persönliche Episode sei hier vorangeschickt: Auch bei mir selbst war das anfangs so mit der Skepsis. Als ich mit knapp zwanzig Jahren mein Studium begann, war ich auf der Suche nach etwas Gehaltvollem für mein Leben. Mit Philosophie hatte ich mich bis dahin nicht beschäftigt, weil ich durch Gespräche mit Freunden, die in der Oberstufe an einer Philosophie-AG teilnahmen, den Eindruck gewonnen hatte: Philosophie ist eine komplizierte Art zu sagen, dass wir nichts wissen können. Würde in der Philosophie etwas über den Sinn des Lebens zu finden sein, dann hätte mir das doch bereits irgendwo begegnen müs-

sen. Es hätte doch etwas in das öffentliche Leben einfließen müssen von dem, was man über die wirklich wichtigen Dinge des Lebens herausgefunden hatte. Dazu hätte für mich vor allem die Frage gehört, ob es so etwas wie ein Leben nach dem Tod gibt. Das war sogar die alles entscheidende Frage. Nach dem, was mir Freundinnen und Freunde über Philosophie erzählt hatten, schien mir diese Disziplin kein aussichtsreicher Weg zu sein.

Dann las ich zu Beginn meines Studiums, ganz abseits von den offiziellen Studieninhalten, zum ersten Mal ein Buch Rudolf Steiners. Hier war meine Resonanz anders: Da hat jemand etwas Wesentliches über die Dinge des Lebens zu sagen, so mein Gefühl, und er hat es *mir* zu sagen. Ich fühlte mich fast auf persönliche Weise durch diesen mir bis dahin völlig unbekannten Autor angesprochen. Er erzählte etwas vom Geist und von einer Welt, die nicht mit der physischen Wirklichkeit identisch war, aber er entwickelte das nicht als philosophische Spekulation, sondern offenbar aus eigener Erfahrung. Es gibt eine Existenz, die unabhängig vom vergänglichen Körper ist – dieser von Steiner ausgelöste Gedanke sank tief in meine jugendliche Seele ein. Ich fand dann Anschluss an eine

Gruppe von Studierenden, die sich mit Philosophie und Anthroposophie befasste, und bald änderte sich auch mein eigenes Verständnis von Philosophie. Ich lernte, dass Denker wie Platon und Aristoteles, Descartes, Fichte oder Hegel sehr präzise Erkenntnisse über Seele und Geist, über das Ich, sogar über die Dimension eines „Weltgeistes" hervorgebracht hatten – nur, dass die Philosophie der Gegenwart diese Dinge meist gar nicht mehr ernst nehmen konnte oder wollte. Steiners Werk schloss sich für mein Empfinden an den Strom der großen Philosophie an und entwickelte sie gleichzeitig durch geistige, spirituelle Erfahrungen weiter. Ein Buch folgte auf das andere und ein immer umfassender werdender Kosmos überraschte mich mit immer neuen Blickweisen auf die Welt und den Menschen. Fast alles kam mir irgendwie vertraut vor, wie mich überhaupt ein Gefühl des Vertrauens zu diesem Autor leitete, auch bei den vielen Dingen, die ich überhaupt noch nicht wirklich beurteilen oder fassen konnte. Bei allem auch merkwürdig Wirkenden dachte ich mir: Irgendwann wirst Du das besser verstehen.

Aber es gab eine Ausnahme. In einem der Bücher Rudolf Steiners, es war die *Theosophie*,

begegnete mir dann zum ersten Mal der Gedanke der Wiederverkörperung. Mich stieß der Gedanke spontan ab und auf die eigentlich klare Gedankenführung ließ ich mich gar nicht erst ein: Wie? Ich, diese Persönlichkeit, die ich hier und jetzt bin, sollte in einer ganz anderen Form, zu einer anderen Zeit, vielleicht in einem anderen Geschlecht, in einem ganz anderen Umkreis noch einmal geboren werden? Schon mehrmals existiert haben? Nein! Ein Widerwille gegen diesen Gedanken regte sich. Wiederverkörperung, Reinkarnation, das passte für mich so gar nicht ins Abendland und auch so gar nicht zu der sonstigen, philosophisch klaren Darstellungsart Steiners. Es kam mir wie ein exotisches Gewächs vor, dass Steiner hier in eine ganz unpassende Umgebung verpflanzen wollte. Das war nichts für mich. Erst allmählich sollte sich mir das Verständnis für diese Gedanken erschließen. Aber das zunächst Fremdartige, das in diesem Prinzip mitschwingt, lässt sich nicht leugnen.

Bevor es nun mit Vernunft zur Sache selbst geht, noch ein terminologischer Hinweis: Im Text werden die Begriffe „Reinkarnation“ und „Wiederverkörperung“ sowie „Karma“ und „Schicksal“ synonym verwendet, das heißt, mit dem deutschen Wort und dem Fremdwort ist jeweils

das Gleiche gemeint; dass mal diese und mal jene Bezeichnung verwendet wird, hat allein sprachlich-literarische Gründe.

1. Eine kleine Geschichte der Reinkarnation in Ost und West

Reinkarnation ist eine Anschauung, die ursprünglich aus Indien stammt. In den *Upanishaden* der hinduistischen Religion spielt die Wiedergeburt oder Seelenwanderung eine wichtige Rolle, wobei nach hinduistischer Vorstellung die unsterbliche Seele immer wieder geboren werden kann. Die Art, wie sie das eine Leben lebt, bestimmt das Karma des nächsten Lebens. Die in Indien entstandene Lehre Buddhas knüpfte ebenfalls an die Lehre von Wiedergeburt und Karma an. Eine zentrale Rolle spielt hier die Idee, das „Rad der Wiedergeburten" irgendwann anzuhalten und aus dem Karma auszusteigen. „In den östlichen Religionen wird der Zwang zur Wiederverkörperung zur Last, ja zum Fluch der Tatbilanz des Lebens, des Karma", schreibt der Religionswissenschaftler Helmut Obst.

Außerhalb von Indien und den buddhistischen Ländern bilden Reinkarnation und Karma

eher eine Ausnahme. Im Nahen Osten griff die jüdische Kabbala, so bei Isaak Luria, die Idee der Reinkarnation auf. In den von Martin Buber gesammelten Chassidischen Geschichten gibt es einige konkrete Reinkarnationsdarstellungen. Auch in manchen Strömungen der islamischen Mystik lebt die Idee.

Im Christentum ist dieser Gedanke dagegen so gut wie unbekannt geblieben. Zwar wollen manche Theologen in den Evangelien Hinweise auf Reinkarnation finden und das scheint auch nicht ganz von der Hand zu weisen. So gibt es eine Äußerung von Jesus, die sich so lesen lässt, dass Johannes der Täufer der wiedergekommene Prophet Elias gewesen sei. Zu einem wirklichen Faktor aber ist die Reinkarnation innerhalb des Christentums nie geworden, weder theologisch und erst recht nicht lebenspraktisch. Der Kontrast, insbesondere zum indischen Kulturraum, könnte größer nicht sein: Denn dort bilden Reinkarnation und Karma bis heute alltagsprägende Gedanken, indem die Menschen sich Wohl und Wehe des Lebens mit den Ereignissen früherer Leben erklären – zur Entlastung des Gewissens und als Trost wegen extremer sozialer Ungleichheiten. In Indien geht mit diesem Begriffspaar eine jahrtausendealte Tradition ein-

her, die – gerade im volkstümlichen Kontext – der Wiedergeburt eine simplifizierte und fast mechanistisch wirkende, strenge Gesetzlichkeit zu geben scheint.

In der mehr westlichen Geistesentwicklung bildete sich dagegen ein starker Individualismus sowohl in den christlichen Konfessionen als auch in der individualistischen Philosophie heraus, und gegen diese Widerstände muss sich die Idee mehrfacher Verkörperungen erst mühsam behaupten.

Dabei hatte am Beginn der abendländischen Philosophie mit Empedokles ein überzeugter Vertreter der Reinkarnationsidee gestanden. Soweit das aus den wenigen fragmentarischen Überlieferungen rekonstruierbar ist, war Empedokles davon überzeugt, dass die menschliche Seele bereits vor der Geburt existiert hat und auch nach dem Tode weiterexistieren wird (nach *Fragmente der Vorsokratiker*, herausgegeben von Wilhelm Capelle). Pythagoras mit seinem „übermenschlichen Wissen" und dem „größten Reichtum des Geistes" attestierte er die Fähigkeit, „mühelos in seine(n) zehn oder zwanzig Menschenleben" zu schauen. Er war auch überzeugt, dass das Verhalten des Menschen Folgen in einem späteren Leben zeitigen wird. In jedem Fall war

Empedokles laut Plutarch der Ansicht, „dass auch die noch nicht Geborenen und die schon Gestorbenen Existenz haben".

Solange die Menschen noch zumindest ahnungsweise der menschlichen Seele eine Art von Substanz zuschrieben, lag es nahe, auch darüber nachzudenken, wo diese Substanz *vor* diesem Leben war und wo sie *nach* diesem Leben sein wird. Solche Gedanken gerieten allerdings schon mit Aristoteles in Vergessenheit, für den die Präexistenz der Seele, weil sie nicht der Beobachtung zugänglich war, auch keine Relevanz mehr hatte. Als einer der ersten Denker gründete Aristoteles sein philosophisches Fragen nicht mehr auf Traditionen und Spekulationen, sondern auf die Beschreibung von Phänomenen und daran anknüpfende Schlüsse – und auf dieser Basis konnte er nichts über eine Seele (oder einen individuellen Geist) vor der Geburt oder nach dem Tod aussagen. Prä- und Postexistenz der Seele verschwanden aus dem Hauptstrom des philosophischen Diskurses. Mit viel spekulativer Mühe musste später ein Thomas von Aquin im Kontext der christlichen Theologie dem klassischen Aristotelismus wenigstens die Möglichkeit einer nachtodlichen, persönlichen Existenz abringen; von heute aus betrachtet liegt

der Schluss nahe, dass für das katholische Denken die persönliche Existenz im Jenseits erhalten bleiben musste, um durch den Verweis auf diesen nachtodlichen Vollzugsort der göttlichen Strafen die Autorität der Kirche im Diesseits zu unterstreichen. Das wäre aber zu kurz gedacht. Thomas vertrat darüber hinaus die Überzeugung, dass eine individuelle Geistseele grundsätzlich von Gott im Schöpfungsplan als etwas Neues gewollt war – und dass sie sich somit nicht nach dem Tod wieder in ein Allgemein-Geistiges auflösen könne, was Aristoteles nahegelegt hatte und was Thomas' Zeitgenosse Averroes auch weiterhin behauptete (Näheres bei Takim/Heisterkamp, *Gott gehört der Osten und der Westen*, 2019).

In gewisser Weise ist Thomas so gesehen ein wichtiger Pionier des Individualismus geworden. Dieser Individualismus hat dann in der Moderne immer mehr die Einmaligkeit des Persönlichen so stark betont, dass ein wiederholtes Erscheinen der individuellen Existenz gar nicht mehr in den Horizont des Denkbaren trat; im Protestantismus wird so etwas wie eine unsterbliche Seele komplett abgelehnt, nicht nur der Körper, auch die Seele ist nach dem Tod – eben tot. Die Betonung des einen irdischen Lebens in

der westlichen Kultur hat entschieden dazu beigetragen, die Einzigartigkeit und die Würde des Menschen hervorzuheben, die sich gerade an der Singularität jedes einzelnen Menschen festmacht. Insofern ergibt es im Nachhinein durchaus Sinn, dass die Idee wiederholter Erdenleben im Westen lange unbekannt und ohne Einfluss blieb, so dass sich der Individualismus ungehindert und stark manifestieren konnte. Nicht zuletzt geht ja auch das gesamte moderne Menschrechtsdenken und die Herausarbeitung von bürgerlichen Grundrechten darauf zurück.

Raum für eine die einzelne Biografie übergreifende Verwandlung der Individualität schien es hier zunächst nicht zu geben. Und doch tauchte in diesem abendländisch-individualistischen Strom irgendwann dann der Gedanke der Wiederverkörperung doch (wieder) auf. Der anthroposophische Theologe Emil Bock hat in seinem Buch *Wiederholte Erdenleben* (1967) eine Reihe eher verborgener, schwer auffindbarer Hinweise auf frühes Reinkarnationsdenken in Europa gesammelt. Ein wichtiger Vertreter ist hier der im Jahr 1600 von der Kirche hingerichtete Giordano Bruno. Bock zufolge bekannte er sich noch während seines Prozesses mit der Inquisition dazu, dass die Seele „in derselben

Weise, wie sie in einem Körper sein kann, auch in einem anderen Körper und von einem Körper in einen anderen Körper übergehen kann, was, wenn es nicht wahr ist, doch wenigstens wahrscheinlich ist nach der Meinung des Pythagoras." Es bleiben aber Andeutungen, ebenso wie es sie bei Friedrich Schlegel, Novalis oder Carus gibt, ohne dass dies jedoch eine irgendwie systematische Bedeutung gewinnt und vor allem auch, ohne dass damit das ganze Netz an weltanschaulichen Konsequenzen aufgetan wäre, das mit dieser Idee notwendig einhergehen muss.

Genau dies aber geschieht – zumindest ansatzweise – erstmals bei Lessing, der bekanntlich in seiner späten Schrift *Die Erziehung des Menschengeschlechts* das Prinzip Wiederverkörperung ins Spiel gebracht hat. Ganz am Ende des Traktats und vorsichtig tastend in Form von offenen Fragen wird trotzdem deutlich, dass dieser Gedanke für ihn eine systematische Bedeutung hat. Lessings Überlegungen entstanden im Umfeld einer Suche nach religiöser Toleranz. Der Dichter des *Nathan*, der sich so empathisch vor allem mit dem Judentum beschäftigt hatte, fragte sich, ob es nicht sinnvoll wäre, wenn jeder einzelne Mensch aufgrund der Vielfalt der Religionen deren ganzes Spektrum durchlaufen

würde – um seines inneren Wachstums willen. In Paragraf 93 seines Traktats fragt er:

„Eben die Bahn, auf welcher das Geschlecht zu seiner Vollkommenheit gelangt, muss jeder einzelne Mensch (der früher, der später) erst durchlaufen haben. – In einem und eben demselben Leben durchlaufen haben? Kann er in eben demselben Leben ein sinnlicher Jude und ein geistiger Christ gewesen sein? Kann er in eben demselben Leben beide überholt haben? Das wohl nun nicht! – Aber warum könnte jeder einzelne Mensch auch nicht mehr als einmal auf dieser Welt vorhanden gewesen sein?“

Und kurz darauf folgt die entscheidende Frage:

„Warum sollte ich nicht so oft wiederkommen, als ich neue Kenntnisse, neue Fertigkeiten zu erlangen geschickt bin? Bringe ich auf einmal so viel weg, dass es der Mühe wiederzukommen etwa nicht lohnet?“

Bei Lessing rückten also erstmals die Themen von Unsterblichkeit und Entwicklung zusammen – und das Prinzip der religiösen Toleranz entstand als zusätzlicher Seiteneffekt. Die Behandlung dieses Themas bei einem so der Vernunft verschriebenen und aufklärerisch wir-

kenden Menschen ist jedenfalls bemerkenswert und stellt so etwas wie ein Schicksalsereignis der Reinkarnationsidee selbst dar – sozusagen ihre Wiederverkörperung in Europa.

Ende des 19. Jahrhunderts knüpfte dann der (heute weitgehend in Vergessenheit geratene) Philosoph Gideon Spicker an Lessings Ideen an. Eine „Religion in philosophischer Form auf naturwissenschaftlicher Grundlage" zu gründen war Spickers Ziel, der ein tief religiöser und gleichzeitig wissenschaftlich denkender Mensch war. Was aber soll ausgerechnet die Idee der Wiederverkörperung mit dieser Zielsetzung zu tun haben? Sie scheint doch alles andere als naturwissenschaftlich begründbar.

Spicker wagte in seinem Buch *Lessings Weltanschauung* (1883) die grundlegende Aussage: Wenn man Lessings Seelenverständnis, seine Entwicklungsidee und die *Erziehung des Menschengeschlechts* zusammennähme, dann verwandele sich, so Spicker, „die scheinbar absurde Vorstellung von der Seelenwanderung in eine so rationale Psychologie und Kosmologie, wie sie vom Standpunkt der heutigen Naturwissenschaft und Spekulation einzig und allein möglich ist". Wie das? Der Professor für Philosophie in Münster hatte weder eine Neigung zum

Mystischen noch zu fernöstlichen Kulturen. Er wollte mit seiner Aussage allein der gedanklichen Schlüssigkeit folgen. Denn sofern man den Gedanken einer Fortexistenz überhaupt denken wolle, dann müsse man es wie Lessing in Form der „Seelenwanderung" tun, war Spicker überzeugt. Dabei war eines für Spicker klar: Eine jenseitige Post-Existenz nach einem einmaligen Leben auf der Erde würde bedeuten, eine Individualität, eine menschliche Seele buchstäblich für immer und ewig in diesem einen Zustand gleichsam zu konservieren, also entweder in den der ewigen Bestrafung oder jenen der ewigen Glückseligkeit, aber ohne jede weitere Entwicklungsmöglichkeit. Aber es geht ja für den Menschen gerade um immer „neue Kenntnisse, neue Fertigkeiten", wie es in Lessings Traktat heißt. Und aus jenen Grundprinzipien heraus, die Lessings Weltanschauung nach Spicker ausmachen – der konsequente Individualismus, die Willensfreiheit, die Autonomie und der „Imperativ der Entwicklung" – konnte nur die Wiederverkörperung als Unsterblichkeits-Perspektive folgen. Gleichzeitig gilt: ausgerechnet die Perspektive einer Entwicklung durch Wiederverkörperung bedeutet eine immense Steigerung des Wertes der Individualität.

Dieser konsequenten Haltung Gideon Spickers hat übrigens später Rudolf Steiner in seinen *Mysteriendramen* ein Denkmal gesetzt. Diese nicht leicht zugänglichen Dichtungen hat zwar ein Michael Ende (der Steiner grundsätzlich wohlwollend gegenüberstand) als künstlerisch wenig relevant eingestuft, sie werden aber als Erneuerungsversuch der alten Mysterienspiele mit modernen Figuren bis heute von vielen geschätzt. In der Figur des Naturwissenschaftlers „Dr. Strader", der sich im Laufe der Handlung anfangs gegen die Idee sträubt, aber schließlich durch die innere Schlüssigkeit seines eigenen Nachdenkens zur Idee der Wiederverkörperung gedrängt wird, findet sich viel von Gideon Spicker wieder. Auch für den Dr. Strader des Mysteriendramas spielt dabei seine Einsicht in das Rätsel der individuellen menschlichen Fähigkeiten die entscheidende Rolle. Anschließend an Rudolf Steiner hat der Anthroposoph Herbert Witzenmann auf eine anthropologisch sehr grundlegende Weise die Ansicht vertreten, dass jede Art menschlichen Lernens auf das Vermögen zurückgeht, die „dekomponierende" Wirkung der menschlichen Leibesorganisation „zurückzudrängen", wie er (einen Ausdruck Steiners aufgreifend) sagt. Anders

ausgedrückt meint „Zurückdrängung der Organisation“: alles Lernen ist eine schöpferische Auseinandersetzung des geistigen Anteils im Menschen mit der leiblich vermittelten Wirklichkeit. Wer das begreift, wird nicht mehr der Versuchung erliegen, die „lebensursprüngliche Fähigkeiteneigenart eines Menschen“ (Witzenmann) als körperlich angeboren zu interpretieren. Eltern und Angehörige, die Neugeborene betrachten, verstehen vielleicht, was hiermit gemeint ist, wenn sie über das freundlich gemeinte „ganz der Papa“ hinauskommen.

In Anknüpfung an Lessing und Spicker kommt in der Anthroposophie eine Metamorphose der Wiederverkörperungsidee zum Vorschein, die konsequent dem Prinzip des Individualismus folgt. Und es ist nur konsequent, wenn Steiner in seinem Buch *Theosophie* den Individualismus sogar auf die Spitze treibt und formuliert, jeder Mensch bilde in geistiger Hinsicht „eine Gattung für sich“. So, wie ein Löwe immer von einem Löwen abstammt, stammt zwar auch ein Mensch körperlich vom Menschen ab – aber eben nur körperlich; in der Dimension des Geistigen kann er nicht von einem anderen Menschen abstammen, sondern nur von sich selbst – als Fortsetzung einer frü-

heren Erscheinungsform seiner eigenen Individualität. Noch einmal anders ausgedrückt: Die Wiederverkörperung stellt demnach eine in sich selbst begründete Abstammungslinie jener „Gattung“ dar, die jeder einzelne Mensch ist. So wie man bei den Gattungen der Naturwesen deren Entstehung aus früheren Arten erklären müsse, so beim menschlichen Geist dessen Eigenart aus seinen eigenen, früheren Erscheinungsformen – in früheren Erdenleben. Konsequenter kann der Individualismus nicht gedacht werden.

Wenn ich dieses Konzept hier vereinfachend (und der Gefahr jeder Typisierung eingedenk) ein eher „westliches“ nenne, dann deshalb, weil es an den abendländischen Individualismus anknüpft. Es treibt ihn aber durch die Idee einer Evolution der einzelnen Individualitäten auch gleichsam auf die Spitze – und erlöst ihn gleichzeitig aus dieser Zuspitzung, weil diese Individual-Evolution gerade darauf zielt, das Einseitige und Egozentrische der Individualisierung im Fortgang der Wiederverkörperungen mehr und mehr abzulegen. Während die mehr „östliche“ Variante zumindest in der Vergangenheit mehr damit zu tun hatte, am Ende aller Inkarnationen eine Aufhebung (wenn nicht sogar

Auslöschung) der Individualität zu erhoffen, stellt die hier skizzierte „westliche“ Variante eine evolutionäre Reifung der Individualität in Aussicht, welche die Einseitigkeiten und Nachteile der Individuation (wie die Abtrennung vom Ganzen, Isolation, Selbstbezogenheit usw.) überwindet.

Die eine Sicht stammt aus einer Vergangenheit, die (oft mehr unbewusst) noch nachwirkt, die andere aus einer Zukunft, die bewusst noch lange nicht erreicht sein wird. Beides sind Polaritäten, die aber gemeinsame Schnittmengen haben: Der Westen, für den die Reinkarnationsidee noch neu ist, könnte sich im empathischen Respekt für die alte und ehrwürdige Tradition des Ostens üben und davon lernen, wie ein solches, transzendentes Element mitten im Leben einer Kultur stehen kann. Allein die Tatsache, dass es in Indien diese vieltausendjährige Tradition gibt und dass auch heute noch Millionen Menschen ganz selbstverständlich mit diesem Gedanken leben, verdient Wertschätzung. Wenn im Westen die Reinkarnationsidee als Möglichkeit anerkannt würde, könnte der Osten sich auf einer tiefen Ebene vom Westen „verstanden“ fühlen, was sogar ein Beitrag zum Abbau spät-kolonialistischen Überlegenheitsdenkens sein könnte. So

gesehen wäre Reinkarnation eine Chance der globalen Verständigung.

Wenn das aus westlicher Sicht schon bei dem Gedanken der Reinkarnation nicht leichtfällt, dann gilt das erst recht für das „Prinzip Karma" – jene angenommene Wirkung über das jeweils einzelne Leben hinaus, bei der insbesondere eine moralische Komponente mitspielt. In Indien ist das ganz selbstverständlich, man geht von einem Ursache-Wirkungs-Verhältnis aus, durch das sich die Verhältnisse und Schicksalsgegebenheiten des jetzigen Lebens erklären lassen. Der Zugang zu einer solchen Dimension fehlt im Westen fast vollständig, weil wir Gesetzlichkeiten nur auf der physischen Ebene kennen und anerkennen, nicht aber auf geistigem und schon gar nicht auf moralischem Gebiet. Die mit solchen Gedanken bei uns verbundene Skepsis könnte aber auch ihre Vorteile haben: denn, wie ich noch zeigen möchte, ist es mit der Kausalität des Karma nicht so einfach und geradlinig, wie es zunächst scheint. Der gedanken-betonte Individualismus des Westens hat in dieser Frage auch seine Vorteile, weil er dazu zwingt, die Dinge etwas genauer zu befragen. Dadurch wird eine Annäherung an das Prinzip Karma vorsichtiger und differenzierter:

Karma nicht als etwas, was über uns verhängt wird, sondern etwas, an dem wir selbst auf einer tieferen Ebene beteiligt sind.

2. Reinkarnation und Karma als Provokation des naturalistischen Weltbildes

Gegenwärtig führt die Idee von Reinkarnation und Karma in der westlich geprägten Welt immer noch ein Außenseiter-Dasein, zumindest was den naturwissenschaftlich geprägten Mainstream angeht. Obwohl, wie wir gesehen haben, die Idee in der Bevölkerung durchaus einen beachtlichen Grad an Sympathie genießt, betrachten die mediale Öffentlichkeit und manche politischen Organisationen sie misstrauisch. Beispielsweise attestierten der ZDF-Journalist Dietrich Krauss oder die Sozialpsychologin Pia Lamberty (*Gefährlicher Glaube*, 2022) der Idee sogar „teilweise menschenverachtende" Züge, weil dadurch Menschen abgestempelt werden könnten, Schuld am eigenen Unglück zu sein. Man unterstellt den Anhängern dieser Idee darüber hinaus ein gefährliches Potenzial an „Wissenschaftsfeindlichkeit" und Irrationalität, aus dem dann auch unerwünschtes gesellschaftliches Verhalten folgen könnte.

Nun soll nicht abgestritten werden, dass die Reinkarnationsidee manchmal sehr unreflektiert verwendet wird. Sie muss mitunter auch für unseriöse Schlussfolgerungen herhalten, nicht nur, wenn es um die Zuschreibung konkreter früherer Inkarnationen geht – die Anspruchs-Kandidatinnen für Königin Kleopatra sind Legion. – Was den Vergleichsmaßstab der Rationalität angeht, so haben wir ja allerdings schon gesehen, dass es durchaus aufgeklärte Vertreter dieses Gedankens in der europäischen Geistesgeschichte gibt. Die Begriffe Rationalität und Wissenschaft werden aber gegenwärtig meist in einem sehr verkürzten Verständnis instrumentalisiert, indem ein kultureller Konsens unterstellt wird, der Vernunft und Wissenschaft nur auf Basis naturalistischer Wissensermittlung gelten lässt, das heißt unter der Voraussetzung, dass gültige Erkenntnis nur auf Basis sinnlich belegbarer Tatsachen möglich ist. Diesem verengten Wissenschaftsverständnis nach kann überhaupt nur Gegenstand der Forschung werden, was physisch untersuchbar ist. Dieses derzeit oft mit Absolutheit vorgebrachte Weltbild wird nun tatsächlich von der Idee von Reinkarnation und Karma vor allem in vier Aspekten provoziert, die in den folgenden Abschnitten angeschaut werden sollen.

Erste Provokation: Es gibt ein unsterbliches Subjekt der Wiederverkörperung

Das Prinzip von Wiederverkörperung und Schicksal ist eingebettet in die Voraussetzung, dass es etwas in uns Menschen gibt, das den Tod überdauert. Unter den Vorzeichen des naturwissenschaftlich-naturalistischen Weltbildes aber, das alle Phänomene durch Reduktion auf das empirisch Nachweisbare erklären will, kann es so etwas natürlich gar nicht geben. Schließlich leben wir in einer Zeit, in der alles am Menschen als materiell erklärbar gilt: Unser Körper wird durch die Genetik erklärt, unser Fühlen durch die Psychologie und unser Bewusstsein durch die Neurologie. Zwischen unserem Genom und den Synapsen des Gehirns bleibt nichts, was nicht rein materiell oder eben naturalistisch verstehbar wäre. Deshalb muss die Annahme irritieren, dass es etwas in uns Menschen gibt, das bleibt, wenn der Körper wegfällt. Eine Essenz des Menschen, seine Geist-Seele, war bereits vor dem diesmaligen Leben in anderer Form anwesend und wird nach dem Tod eine neue Verkörperung suchen. Der wissenschaftliche Naturalismus kann schon die bloße Existenz eines subjekthaften Bewusstseins, das unser Ich

darstellt, nicht erfassen, sondern handelt es als Sekundärphänomen ab. Dieses ungegenständliche Etwas ist aber gerade das, um was es bei Reinkarnation geht.

Versuchen wir, diesem Etwas ein wenig näherzukommen. Dazu braucht es einen Akt introspektiver Aktion, wobei etwas Erfahrung in Kontemplation und Meditation nicht schaden könnte. Ausgangspunkt soll eine innere Geste der Selbsterfassung des Bewusstseins sein – die Aufmerksamkeit soll auf dieses flüchtige, ungegenständliche und doch immer präsente Wesen gerichtet werden, das Bewusstsein ausmacht. Nicht darüber nachdenken, was Bewusstsein ist oder wie es erklärt werden kann; Bewusstsein ist immer schon da, ist pure Anwesenheit, die allem wahrnehmen und nachdenken vorausgeht. Wenn ich präsentes Bewusstsein, unabhängig von einem bestimmten Inhalt oder Gedanken, innerlich präsent halte, kann das in die Einsicht übergehen, dass die Tatsache des Selbstbewusstseins nicht durch irgendetwas außer ihm selbst Liegendes erklärt werden kann. In einer Art von meditativer Vergewisserung des Bewusstseins kann sich das Ich-Sein als ein selbsttragender Zustand manifestieren. Diese Erfahrung des Selbst widerspricht aus innerer Gewissheit he-

raus jedem Versuch eines Reduktionismus. Daran kann sich der Gedanke anschließen: Dieses Selbst ist mehr als ein abstraktes Potenzial, es hat eine persönliche Färbung, durch die es eben genau dieses, mein eigenes Selbst ist. Vor allem ist dieses Selbst auch der Ausgangspunkt ganz eigener Fähigkeiten, die es als mein unverwechselbares Selbst kennzeichnen.

Unsere Fähigkeiten, unsere Talente, aber auch unsere Einschränkungen sagen viel über uns aus. In ihrer Diversität und unverwechselbaren Mischung kennzeichnen sie bereits das kleine Kind. Das hat im Grunde etwas Rätselhaftes. Dazu ein Beispiel, dem sicher viele andere an die Seite gestellt werden könnten: Der aus meiner Heimatstadt Duisburg stammende Bildhauer Wilhelm Lehmbruck kam 1881 in einer bitterarmen und kinderreichen Bergarbeiterfamilie zur Welt, wo es über Generationen keinerlei künstlerische Anreize gab. Nur dem feinen Gespür des Grundschullehrers war es zu verdanken, dass er eine geniale Begabung für das Zeichnerische und Plastische in dem Kind entdeckte. Der Lehrer förderte dies im Unterricht und organisierte dem jungen Wilhelm schließlich sogar ein Stipendium für die Kunstakademie. Wilhelm Lehmbruck wurde zu einem

Wegbereiter der modernen Skulptur, der unter anderem Joseph Beuys stark beeinflusst hat. – Der naturwissenschaftlich gebildete Verstand ist hier natürlich schnell mit dem Verweis auf einen bestimmten genetischen Mix zur Hand, der das Genie fürs Zeichnen, Malen und plastische Gestalten erklären soll. In Wirklichkeit wird damit aber das Geheimnis einer solchen Begabung nur ins Ungewisse verschoben.

Dieses im Grunde Rätselhafte der Befähigungen und der individuellen Prägungen gilt selbstverständlich für jeden Menschen, nicht nur für herausragende Talente. Gerade die hervorstechenden Gaben weisen aber auf den Kern unserer Individualität hin, der nicht allein von äußeren Faktoren her – durch Genetik oder Umwelteinflüsse – erklärbar ist. Es scheint, dass jeder Mensch bestimmte Begabungen mit auf die Welt bringt, wenn man nur genau hinschaut – eben das, was Witzenmann (siehe oben) die „lebensursprüngliche Fähigkeiteneigenart eines Menschen" nennt.

In eine ähnliche Richtung blickt übrigens auch der vielseitige Denker Ken Wilber wenn er schreibt: „Was auch immer man über Reinkarnation denken mag, sie erklärt zumindest eine der verwirrendsten Tatsachen, denen Entwicklungs-

forscher überall begegnen – und die sie nicht befriedigend erklären können: manche Menschen wachsen unter idealen Umtänden auf, mit nahezu perfekten Eltern, und entwickeln sich dennoch in dysfunktionaler Weise. Andere Menschen hingegen werden in schwierigste Umstände hineingeboren, und entwickeln sich dennoch normal und manchmal sogar in außergewöhnlicher Weise." (Ken Wilber, The Religion of Tomorrow, 2017, gefunden und übersetzt von Michael Habecker)

Wie entstehen denn normalerweise unsere Fähigkeiten? Lernen vollzieht sich immer in Resonanz mit der Wirklichkeit und ist oft ein mühevoller Prozess. Das Schreibenlernen oder der Gebrauch von Werkzeugen beispielsweise gelingt nur, wenn wir dabei auftretende Widerstände überwinden. Der Kern jeder Fähigkeitenbildung ist, ganz allgemein gesprochen, ein Prozess, in dem ein unreduzierbares Selbst, das immer schon vorausgesetzt werden muss, mit äußeren Faktoren eine Wechselwirkung eingeht. Wenn aber nun jeder einzelne Mensch bereits mit bestimmten Fähigkeiten seinen Lebensweg beginnt, liegt der Gedanke nahe, dass bereits *vor* dem Beginn des (diesmaligen) Lebens solche Fähigkeiten veranlagt wurden – als Früchte der

Erfahrungen eines früheren Lebens, die dann umgeschmolzen in Form von Talenten und Neigungen wieder erscheinen.

Zweite Provokation: Es gibt ein Jenseits im Diesseits

Die Idee, dass sich ein Etwas wiederverkörpert, reicht aber für das Gesamtgefüge noch keineswegs aus. Denn zum Was braucht es auch das Wie. Das Ganze der Wirklichkeit muss anders gedacht werden, wenn es Wiederverkörperung gibt. Zunächst ist dazu eine Dimension zwischen Tod und neuer Geburt Voraussetzung, in der wir als unsterbliche Individuen immer wieder aufgehoben sind, in der wir uns nach dem Tod weiter entwickeln, von Lasten befreien und uns auf neue Aufgaben vorbereiten. Bildlich und traditionell gesprochen braucht es einen Himmel, eine rein geistige Welt der reinen Geister. (Wobei es auch Ausnahmen zu geben scheint. So wird im tibetischen Buddhismus angenommen, dass die Individualität des Dalai Lama sich unmittelbar nach dem Tod wieder in einem Kind verkörpert, das dann von Kundigen aufgesucht und bestätigt wird.)

Für die meisten Individualitäten aber gibt es zunächst ein Zwischen-Leben nach dem Leben. Dieses Leben muss aber, anders als es traditionelle Jenseitsvorstellungen nahelegen mögen, ständig mit der irdischen Realität verflochten sein. Ganz grundsätzlich gesprochen muss es eine ständige Präsenz rein geistiger Kräfte auf der Menschen-Erde geben, damit während des Lebens auf der Erde das Karma mit seinen neuen Chancen wirken kann. Vielleicht ist das „Hier" und das „Dort", das Diesseits und das Jenseits, gar nicht so geschieden wie wir meinen, vielleicht sind es eher zwei Seiten einer umfassenderen Wirklichkeit? Wie geschieht es denn, dass eine sich wiederverkörpernde Geist-Seele zu einem Elternpaar findet, das es ihr erlaubt, ihren Weg weiterzugehen? Und später im Leben die berühmten Synchronizitäten, die schicksalhaften Momente, die das Wiederfinden altvertrauter Seelen und das Wirken von Karma unterstützen? Wie genau erreichen mich denn die Spuren eines früheren Lebens im Hier und Jetzt? Wie kann das überhaupt funktionieren? Wie kommt der sogenannte Zufall zustande, von dem Albert Schweitzer sagte, er sei „das Pseudonym, das der liebe Gott wählt, wenn er inkognito bleiben will"?

Beispiele für solche „Zufälle“ kennt wohl jeder, aus dem eigenen Leben oder aus dem Umkreis. Und natürlich sind sie aus der Geschichte bekannt. Ein berühmtes Beispiel betrifft den Entdecker Christopher Columbus. Mit seiner Überzeugung, aufgrund der Kugelgestalt der Erde einen Seeweg nach Indien erschließen zu können, erfuhr er lange trotz bestehender Kontakte zum spanischen Königshaus keine Unterstützung für eine Expedition. Resignierend auf dem Weg nach Frankreich traf er in einem Kloster auf einen Franziskanermönch, der mit Isabella von Spanien vertraut war und sich bereit zeigte, einen Werbebrief an die Königin zu verfassen – mit Erfolg: Kolumbus wurde an den Hof eingeladen und einige Zeit später konnte die entscheidende Entdeckungsfahrt beginnen. Hätte es den Kontakt zur Königin nicht gegeben – wäre Kolumbus in Frankreich erfolgreicher gewesen? Sein Drang zu Entdeckung und Eroberung wäre sicher weiter vorhanden gewesen, und doch folgte aus dieser schicksalhaften Fügung die spanische Prägung eines Großteils der betrüblichen Kolonialgeschichte.

Weniger geschichtsprägend, aber biografisch entscheidend kennen wir alle bestimmte Wendepunkte im Leben, die wir nicht ohne Grund

„Schicksalsmomente“ nennen, auch ohne an tiefere Hintergründe zu denken. Je mehr wir aber über solche Zusammenhänge nachsinnen, umso stärker kann die Frage aufkommen, wie die gesamte Wirklichkeit beschaffen sein muss, dass solche Dinge „funktionieren“. Wie baut sich ein „höheres Selbst“ sein Schicksal? Allein geht das wohl kaum. Wenn Karma wirkt, setzt es jedenfalls voraus, dass es ein lebendiges Jenseits und ein geistig durchsetztes Diesseits gibt; ein Diesseits, an dem geistige Kräfte und Entitäten mitwirken. Hier spielen sicher auch die sogenannten Toten eine Rolle, die ja durchaus im Diesseits „leben“. Sie gehören zur ganzen Wirklichkeit dazu, und zwar nicht nur insofern wir an sie denken, sondern auch, insofern sie geistig real in unser tägliches Leben verflochten sind. Der Schriftsteller Thornton Wilder hat einmal für die Wirklichkeit unseres Lebens das Bild eines geknüpften Teppichs gewählt: auf der Vorderseite, die unserem Alltagsbewusstsein entspricht, sehen wir mehr oder weniger sinnvolle Muster und Figuren. Drehen wir den Teppich um, dann zeigt sich ein schwer überschaubares Gewirr von Fäden und Knoten. Ähnlich kann man sich vielleicht die ständig unter unserem Lebensteppich mitlaufenden Aktivitäten

vorstellen. Viele Fragen bleiben hier vorläufig offen.

Dritte Provokation: Entwicklung als Sinn der Wiederverkörperung

Die nächste Annahme besteht darin, dass das Ganze einen Sinn hat. Der Sinn von Wiederverkörperung und Karma liegt in unserer Weiterentwicklung und Vervollkommnung – ein Gedanke, den ja, wie wir gesehen haben, bereits Lessing eingebracht hat. Sein wichtiger Interpret Spicker erinnert daran, wie dies „aus dem Prinzip der Entwicklung" heraus geradezu notwendig ist: „Nur unter der Voraussetzung, dass der Mensch, und zwar jeder einzelne, berufen ist, eine höhere Stufe sittlicher und geistiger Vollkommenheit zu erreichen, als in diesem Leben möglich war, muss eine Unsterblichkeit angenommen werden." Ähnlich hat es Rudolf Steiner in einem Vortrag formuliert: „So können wir um unserer eigenen Vervollkommnung willen gar nichts anderes wünschen, als dass das Karma als objektive Gerechtigkeit bestehe." (GA 152, S. 50) Im Konzept von Reinkarnation und Karma im Sinne einer höheren Weisheit

(meines eigenen, höheren Wesens?) treffe ich deshalb in meinem diesmaligen Leben wieder auf die Spuren eigener vergangener Taten, um daran zu wachsen und, ganz allgemein formuliert, das Beziehungsgeflecht mit meinen Mitmenschen weiter zu gestalten. Dazu reicht ein Leben, dazu reichen aber auch mehrere Leben nicht aus.

Laut Steiner wird dieser Prozess so lange andauern, wie auch unsere Erde besteht. Das ist vielleicht gerade deswegen realistisch, weil das Ziel einer Aufarbeitung alles persönlichen Karmas eben nicht kurzfristig zu haben ist. Die unendlich mühevoll erscheinende Perspektive dieses Weges steht, so gesehen, dem mitunter erhobenen Vorwurf einer „Selbsterlösung" entgegen, die semantisch eine Nähe zu Begriffen wie „Selbstversorgung" oder „Selbstbedienung" suggeriert. Was man selbst machen kann, klingt einfacher, als wenn man auf andere angewiesen ist – beim Karma ist das aber nicht der Fall. Es ist alles andere als einfach, was sich da vor uns auftut.

Wie lässt sich das Ziel dieser Entwicklung noch näher charakterisieren? Ohne dass wir hier auch nur ansatzweise die konkreten zukünftigen Schritte beschreiben können, wird es grundsätz-

lich doch um eine immer intensivere Individuation des Menschen gehen; Individuation bedeutet, dass wir Menschen in der Lage sind, das universell Geistige, das den Ursprung und Zusammenhalt allen Seins bildet, in persönlich durchdrungener Form als etwas gänzlich Neues in die Welt bringen zu können, einen Beitrag, den es in dieser Form zuvor nicht gab. Zugleich nimmt durch das Wirken des Karma auf weite Sicht die Gemeinschaftsfähigkeit immer weiter zu – wir lernen in einem fundamentalen Sinne was es heißt, soziale Wesen zu werden. Karma ist deshalb nicht ein bloßer Aspekt oder ein einzelnes Element einer Weltsicht, sondern eine umfassende Lebensanschauung, welcher das Ziel von Freiheit in Verbundenheit innewohnt.

Vierte Provokation: Es gibt eine objektive moralische Weltstruktur

Die vielleicht provokativste (weil ungewohnteste) Annahme besteht darin, dass die Wirksamkeit von Karma so etwas wie eine moralisch ausgerichtete Weltstruktur voraussetzt, die dem Prinzip eines Ausgleichs folgt – wie immer dieser Ausgleich im Einzelnen aussehen mag. Die

Voraussetzung, dass unsere die Verkörperungen übergreifende Existenz einer objektiven, also persönlichen Vorlieben oder bloßen Konventionen entzogenen moralischen Perspektive unterliegt, wirft verständlicherweise Fragen auf. Warum sollte die Welt so eingerichtet sein? Spricht nicht der Augenschein und die praktische Lebenserfahrung gegen jede Form von „objektiver“ Moral in der Welt?

Bei näherem Hinsehen zeigen sich aber Indizien, die deutlich machen, dass bestimmte Elemente eines moralischen Ausgleichs uns vertrauter sind, als wir oft meinen. So bewegen wir uns – auch ohne so etwas wie Karma vorauszusetzen – schon im alltäglichen Leben bereits ständig in Kategorien wie Geben und Nehmen oder Schuld und Ausgleich. Dabei reagieren manche Menschen heute allerdings fast schon allergisch auf den Begriff der „Schuld“, wenn er außerhalb des juristischen Bereichs auftritt. Wir halten uns für so autonom, dass wir die Vorstellung unsympathisch finden, von rein finanziellen Verbindlichkeiten abgesehen, anderen etwas „schulden“ zu können. Ich persönlich meine jedoch, dass wir beispielsweise unseren Eltern durchaus etwas *schulden* – wir verdanken ihnen schließlich unser Leben und im Idealfall

waren sie es, die uns liebevoll nach bestem Wissen und Gewissen auf unser eigenes Leben vorbereitet haben. Ohne dass ich mir dies ständig als verbleibenden Posten auf einem „Schuldenkonto“ bewusstmachen müsste, ist es mir doch ein Bedürfnis, als Erwachsener den Eltern Dankbarkeit zu zeigen; ich werde sie auch möglichst liebevoll in Situationen begleiten, in denen sie meine Hilfe gebrauchen können. Sich bewusst zu sein, dass man anderen etwas schuldet, ist übrigens etwas vollständig anderes, als Schuldgefühle zu haben.

Ich denke, dass Verhältnisse des moralischen Ausgleichs eine anthropologische Konstituente sind; sie sind tief im zwischenmenschlichen Leben verankert: Ich verdanke einem Freund einen wichtigen Rat oder eine Freundin hat mir in einer Notlage geholfen – ich möchte das anschließend „wieder gut machen“, so sagen wir, weil uns der zwischenmenschliche Ausgleich meistens ein Grundbedürfnis ist. Das gilt sogar, wenn wir etwas geschenkt bekommen und vom Schenkenden keinerlei Erwartung mit dem Geschenk verbunden war – auch da haben wir oft das Bedürfnis, etwas zurückzuschenken. „Vergelt’s Gott“, lautete eine ältere Redewendung, wenn man sich dankbar erweisen wollte –

und sie zeigt, dass „Vergeltung" keinesfalls immer mit Vergeltung im Sinne von Rache zu tun hat.

Es scheint also, dass wir, zumindest bei einigermaßen vorhandener Sensibilität und Empathiefähigkeit, dem angedeuteten Wechselspiel von Nehmen und Geben, von Schuld und Ausgleich gar nicht ausweichen können. Beide Pole hängen wie die kommunizierenden Röhren in der Physik, aber hier auf einer ethischen Ebene, ständig zusammen, sie verändern ihren „Stand" und streben permanent wieder nach Ausgleich. Das gilt für das gewöhnliche Leben zwischen Geburt und Tod. Könnte es nicht auch über dieses Leben hinaus gelten?

Das würde zum Beispiel konkret bedeuten: Tue ich einem Menschen etwas Gutes, hat das nicht nur in diesem Leben, sondern auch in einer späteren Begegnung Folgen. Andererseits wird eine böse Tat in irgendeiner Form einen Ausgleich in einem folgenden Leben finden. Wie genau ein solcher Ausgleich stattfinden könne, entzieht sich allerdings meist unserer Erkenntnis – und das Bild der kommunizierenden Röhren darf nicht trivial mechanistisch verstanden werden, etwa, dass Gleiches stets mit Gleichem vergolten würde.

Dennoch ist ein solcher Gedanke in einer Zeit, welche alles Geschehen in der Wirklichkeit auf physische Kausalitäten und bloße Zufälle reduzieren möchte, besonders fremd. Die Annahme nachtodlicher Folgen unseres Verhaltens wirkt erst einmal seltsam – ist allerdings im Grunde so ausgefallen auch wieder nicht. Denn wir kennen sie immerhin praktisch in allen Religionen. Bei den jüdischen Propheten, im Christentum und im Islam besteht die Vorstellung, dass wir am Ende der Zeit zur Rechenschaft gezogen werden für unser Tun, dass Gott als Instanz oberster Gerechtigkeit das Verhalten eines Menschen beurteilen wird – mit entsprechenden Konsequenzen. Und das Matthäusevangelium spricht von einer Art Gerichtstag am Ende der Zeit: „Über jedes unnütze Wort, das die Menschen reden, werden sie am Tag des Gerichts Rechenschaft ablegen müssen; denn aufgrund deiner Worte wirst du freigesprochen, und aufgrund deiner Worte wirst du verurteilt werden." (Matthäus 12:36,37) Zahlreiche andere Stellen ließen sich hinzufügen. Und wer kennt nicht die beeindruckende Darstellung von Christus als Weltenrichter in Michelangelos berühmtem Deckengemälde in der Sixtinischen Kapelle?

Die moderne christliche Theologie jedoch hat durchaus ihre Mühe mit einem Gottesbild, das sich mit Konsequenz gegen moralische Verfehlungen stellt. Denn das scheint so gar nicht zu dem „Gott der Liebe“ zu passen, mit dem heute Sympathien für das angeschlagene Christentum mobilisiert werden sollen, während an der Idee des Gerichts eher fundamentalistische Christen festzuhalten scheinen. Die Ablehnung der Idee des Gerichts wäre aber von einer Inkonsequenz gekennzeichnet: denn wenn die moralischen Taten keinen Ausgleich finden würden, fehlte der Welt etwas ganz Wesentliches, nämlich die tröstende Aussicht auf Gerechtigkeit, insbesondere für die Opfer sowohl in der Weltgeschichte als auch im privaten Leben. Zumindest für einen gläubigen Menschen kann es nicht angehen, dass mordende SS-Männer oder fanatische Attentäter von Gott mit der gleichen Liebe empfangen werden wie die Opfer solcher Taten. Einen tieferen moralischen Ausgleich zu denken ist also zumindest in einer Schöpfung, die wir uns von göttlicher Gerechtigkeit geprägt vorstellen, zwingend.

Der Philosoph Holm Tetens bringt diesen Gedanken in einen weiteren Kontext von *Erlösung*, der die bloßen Vergeltungs- und Bestra-

fungsdimension übersteigt. Aber für ihn gilt: „Ohne den Gedanken des Gerichts als Voraussetzung und Bestandteil der Vergebung und der Versöhnung wäre Erlösung ein Geschehen, in dem die Menschen gar nicht als vernünftige und selbstverantwortliche Personen ernst genommen würden. Wer vom Gericht nicht reden will, sollte daher von Erlösung schweigen." (Holm Tetens, *Gott denken, Versuch einer rationalen Theologie*, 2015) – Tetens skizziert sogar eine transzendente Grundkonstellation, in welcher Gott am Ende der Schöpfung die verstorbenen Menschen nochmals zusammenkommen lässt, um sie mit den Folgen ihrer Taten zu konfrontieren und eine Art Täter-Opfer-Ausgleich herbeizuführen: „Gott kann das Leben dieser Personen weiterdenken, indem er sie in einen ‚neuen Leib' wiederverkörpert denkt", schreibt er in seinem Buch. „Sollen die Personen sich wiederbegegnen, miteinander versöhnen und gemeinsam ein erfülltes Leben führen, muss Gott die Menschen sogar in einem ‚neuen Leib' wiederverkörpern." Diese Konsequenz bei Tetens ist erstaunlich. Was sich bei ihm aber „nur" im Denken und in einer Erinnerung Gottes manifestieren soll, lässt sich ohne Mühe auch auf das Prinzip von Reinkarnation und Karma

übertragen. Hier gibt es eben kein göttliches „Gericht“ und keine Versöhnung „innerhalb“ Gottes, sondern einen vom Menschen selbst gewählten Ausgleich in einem wirklichen Leib in einem wirklichen künftigen Leben. Wir selbst als Menschen sind es, die sich – nicht im Alltagsbewusstsein, sondern in einer höheren Version unserer Selbst – nach einer jeden Verkörperung mit den Folgen unseres vormaligen Verhaltens konfrontiert sehen und aus einem Willen zum Ausgleich Konstellationen in einem nächsten Leben herbeiführen, die Wiedergutmachungen ermöglichen.

Ein einfaches Beispiel dafür hat Rudolf Steiner in einem Vortrag des Jahres 1910 gegeben: „Nehmen wir etwa an, jemand sterbe mit siebzig Jahren, lebe sein Leben zurück bis in sein vierzigstes Jahr, wo er jemandem eine Ohrfeige gegeben hat. Da erlebt er den Schmerz, welchen er dem andern zugefügt hat. Dadurch wird hervorgerufen eine Art Selbstvorwurf; der bleibt dann als Sehnsucht, und diese Sehnsucht bringt er im nächsten Leben mit, um diese Sache im späteren Leben auszugleichen.“ (GA 120, S. 72) Dies muss nun nicht zwingend so gedacht werden, dass die Verfehlung in einem folgenden Leben ebenfalls als Ohrfeige auf den Urheber

zurückkommen wird. Steiner spricht auch von „Guttaten“, durch die ein Ausgleich stattfinden kann. (GA 155, S. 51)

3. Freiheit will Karma

Damit sind wir bei der nächsten These angelangt: Karma ist kein Gegensatz zu Freiheit, sondern, ganz im Gegenteil, eine Konsequenz, wenn wir Freiheit ernstnehmen. Ein Gegensatz zur Freiheit könnte nur eine vollkommen kausalmechanistische Gesetzlichkeit sein, die Karma als bloße Notwendigkeitsfolge (miss-)versteht. Wir Menschen aber sind freie Wesen, das heißt unser Menschsein macht die Fähigkeit aus, dass wir uns zu den notwendigen Bedingungen unserer Existenz unter Einsatz der Willensfreiheit immer neu positionieren können. Es gibt keine geschlossene Ursachen-Kette. Als freie Wesen tragen wir aber auch Verantwortung für die Folgen unseres Handelns, für unsere Entscheidungen, für alles, was wir tun oder auch lassen. Als freiheitsfähige Subjekte müssen wir uns daran messen (lassen), ob und inwieweit wir im Einzelnen unserer Verantwortung gerecht werden – sonst wäre es gar keine Freiheit. Das gilt bereits

für das Leben zwischen Geburt und Tod. Nun kommt der wichtige Schritt: Karma dehnt dieses „Prinzip Verantwortung" über das eine Leben hinaus.

Durch die Verknüpfung mit der Verantwortung, die über das eine Leben hinausreicht, wird sogar einer bestimmten Kritik am Freiheitsbegriff entgegengewirkt, die in letzter Zeit häufiger ins Feld geführt wird. Denn Kritiker, die bei „Freiheit" mehr ein libertäres Verständnis von Beliebigkeit vor Augen haben, erheben oft den Vorwurf, mit Freiheit sei nur der Wunsch nach eigener Unbegrenztheit und nach dem eigenen, ungehemmten Lebensentwurf ohne Rücksicht auf Verluste gemeint. Dieser Vorwurf wird schon ohne einen transzendenten Rahmen der wirklichen Freiheitswürde nicht gerecht, welche ja das grundlegende Potenzial der Selbstbestimmung betrifft und, wie wir gesehen haben, gleichzeitig immer auch mit Verantwortung zu tun hat. Weil ich frei bin, trage ich Verantwortung. Dieser Zusammenhang wird nun unter Einbeziehung des Karma-Gedankens noch deutlicher: Es gibt Freiheit, und sie hat Folgen – für meine eigene Zukunft und die meiner Mitmenschen, auch über dieses eine Leben hinaus. Was wir in Freiheit entscheiden oder

auch unterlassen, bleibt mit uns verbunden und wird auf uns zurückkommen.

„In den Wirkungen seiner Taten lebt des Menschen Seele ein zweites, selbständiges Leben weiter", schreibt Steiner in seinem Buch *Theosophie*. In der physischen Welt sind die Spuren unserer Taten eingeprägt. Aber wie sollen denn genau diese Folgen unseres Handelns in einer vollkommen anderen Zeit unter vollkommen anderen Bedingungen wieder auf uns zukommen? Während des Lebens zwischen Geburt und Tod ist das insofern einfach, als das Kontinuitätsgeflecht einfach weitergeht: wenn ich jetzt meine Steuern nicht zahle, wird sich irgendwann das Finanzamt melden, um das einzufordern, was ich schuldig bin. Wie aber sieht das aus, wenn zwischen Tod und neuer Geburt in Bezug auf meine Taten nicht nur viel Zeit vergeht (wieviel Zeit genau, das wollen wir hier bewusst offenlassen), sondern wenn sich auch der Lebensschauplatz und die Weltverhältnisse gravierend verändert haben? Steiner antwortet hierauf in der *Theosophie* etwas allgemein, dass sich der menschliche Wesenskern in einer neuen Verkörperung wieder mit Dingen und Motiven umgeben wird, die zu ihm passen, ähnlich wie es bei einem Umzug von Europa nach Amerika der

Fall wäre: ein Mechaniker würde bei einem Umzug von Maschinen, ein Bankbeamter von entsprechendem Gerät umgeben sein. Dafür sorgt nach Steiner „die Verwandtschaft meines wieder verkörperten Geistes mit den Dingen der Umwelt“ – die Antwort bleibt etwas allgemein, solange wir nicht „auf die andere Seite des Teppichs“ im Sinne Thornton Wilders blicken können.

Ursache und Wirkung

Jede Ursache hat eine Wirkung – das ist in der natürlichen Welt so und auch im menschlichen Leben. Und es gilt umgekehrt: Was eine Wirkung ist, hat eine Ursache. Solange man sich auf die *eine* biografische Existenz beschränkt, wird der Gedanke einer solchen Kausalität kaum Widerspruch auslösen: Wenn ich mich schlecht ernähre, hat das Folgen für meine Gesundheit. Wenn ich Menschen grob behandle, werden sie sich von mir abwenden. Verfehlungen ab einer gewissen Schärfe rufen die irdische Gerichtbarkeit auf den Plan. Wer rechtmäßig verurteilt wird, dem würde man attestieren können, „selbst daran schuld“ zu sein, dass er wegen ei-

nes Überfalls oder Einbruchs ins Gefängnis muss – ohne dass jemand einen solchen Kommentar verwerflich finden würde.

Wie aber sieht es aus, wenn die Wirkungen menschlichen Verhaltens über ein einziges Erdenleben hinausreichen würden? Wenn mich die Folgen meiner früher ausgeübten Freiheit, seien es nun Erfolge oder Versagen, wieder erreichen? Hier gilt es gleich gebührend zu beachten, dass die Grundlage für ein Urteil in solchen Fällen eine ganz andere ist als bei der irdischen Gerichtsbarkeit. Bei dieser gibt es in der physisch-sozialen Wirklichkeit ein festgelegtes Gesetz, welches die Ursache-Folge-Wirkung begründet. Es ist eine Verknüpfung von Verhalten, von Schuld, Verantwortung und Bestrafung, die einer juristischen Logik mit klaren Regeln folgt. Eine solche Logik ist für uns im Falle von Reinkarnation und Karma nicht ohne weiteres ersichtlich und wir tun gut daran, hier nicht einfach die vergleichsweise triviale Rechtsstruktur in eine ganz andere Sphäre zu projizieren. Wir wissen nicht einmal, was im Einzelfall, der uns zustößt, überhaupt Wirkung und was Ursache ist. Wir können nicht alles, was uns widerfährt, pauschal auf einen eigenen schuldhaften Ursprung zurückführen. Unseren Denkgewohn-

heiten entsprechend wollen wir die juristische Logik auch auf das Karma übertragen, aber hier funktioniert sie nicht. Und ebenso wenig funktioniert hier – was ich später noch etwas genauer zeigen möchte – eine konventionell religiöse „Logik“, insofern sie in Teilen über Jahrhunderte und Jahrtausende versucht hat, menschliches Glück als Gunst und Leid als „Strafe“ Gottes zu erklären.

Karma jedoch folgt einer ganz anderen „Logik“, wenn man sie überhaupt so nennen will. Es geht hier nicht um juristisches Recht, auch nicht um vermeintlich göttliches Recht, die beide nur zu gut zu den Bahnen unseres Verstandes passen. Karma hat mit einer Weisheit zu tun, die oberhalb von Justiz, Religion und Verstand wirkt, für uns unter einem Schleier des Nicht-Wissens verborgen, den wir – geistesgeschichtlich gesehen – eben erst berührt und noch lange nicht gelüftet haben.

Soviel jedoch steht fest: In der „Logik“ von Wiederverkörperung und Karma, an die wir uns hier herantasten, spielen wir selbst, spielt unser freies, verantwortliches Ich, eine zentrale Rolle. Die Moralität muss zwar, wenn man es einmal so groß formulieren will, als elementare Richtkraft des ganzen Kosmos angenommen werden.

Aber der wichtige Schritt liegt darin, für das Gesetz des Ausgleichs nicht allein göttliche Kräfte anzunehmen, wie es die Religionen tun, sondern dass wir es selbst sind, die beides wollen: Fehler eines vorangegangenen Lebens, soweit das möglich ist, wiedergutmachen, und umgekehrt auch angebahnte Entwicklungen konstruktiv weiterführen. Wir sehen uns wieder – unsere Lieben, aber auch unsere Gegner, unsere Lehrer und unsere Opfer. Was für eine atemberaubende Perspektive: Karma als Prinzip des Ausgleichs wäre dann eine die Welt tragende Struktur, und wir Menschen sind existenziell darin eingebunden – im Jenseits der Nach- und Vorbereitung unseres Lebens und im Diesseits mit seinen potenziellen Schicksalsmomenten an jedem Tag. Und der Sinn des Ganzen: fortwährende Entwicklung, Individualisierung und Freiheit in einem verbundenen Netz von Menschen.

Der bereits zitierte Herbert Witzenmann geht sogar so weit anzunehmen, dass das Reinkarnationsprinzip selbst im Zuge der menschheitlichen Bewusstseinsgeschichte eine Entwicklung durchmacht. In einem hoch interessanten Gespräch mit Henning Köhler hat er einmal darauf hingewiesen, „dass es eine Aussage Rudolf

Steiners gibt, derzufolge von wiederholten Erdenleben im vollgültigen *individuellen* Sinne erst seit dem 15. Jahrhundert die Rede sein kann (von wenigen hervorragenden Ausnahmen abgesehen), das heißt also, seitdem der Mensch die Fähigkeit zur seelischen Selbstbeobachtung des Denkens erlangt hat. Vorher handelte es sich mehr um eine Wiederverkörperung in Schicksalsgemeinschaften, Gruppenzusammenhängen. Sie sehen also, wir realisieren die Reinkarnation in gewissem Sinne als Selbsterkennende." (Zeitschrift *info3 extra*, 3/1987, S. 22) Diese überraschende Aussage macht darauf aufmerksam, dass wir Reinkarnation und Karma vielleicht immer weniger als etwas zu Erleidendes und immer mehr als etwas für uns und durch uns zu Manifestierendes ansehen dürfen.

Keine mechanische Kausalität

Diese Haltung hilft auch, sich einer immer leicht fatalistisch anmutenden Mechanik des Reinkarnationsdenkens bewusst entgegenzustellen. So grundlegend das karmische Prinzip von Ursache und Wirkung auch scheinen mag, in einem konkreten Fall ist die Lage immer

komplex und der darüber liegende Schleier des Nichtwissens ist dichter, als der Verstand uns glauben lässt. Denn den Ereignissen meines Lebens sehe ich es nicht ohne weiteres an, ob sie mit Folgen aus früheren Leben zu tun haben. Was genau ist hier Wirkung, was ist Ursache? Das ist umso weniger eindeutig, als ständig auch andere Menschen mit ihren Intentionen in mein Leben hineinwirken. Wenn ich beispielsweise Opfer eines Raubüberfalls werde, muss ich dies nicht notwendigerweise einem Ereignis in meiner karmischen Vergangenheit als Ursache zuschreiben, nach dem Motto: Ich habe das durch früheres Handeln selbst verursacht. In jedem Augenblick sind ja – weil es Freiheit gibt – bei mir und anderen neue, nicht vorausbestimmte Handlungen, also neue Ursachen möglich, mit guten und schlechten Wirkungen. So gesehen könnte sich, wenn man Karma für möglich hält, ein Gewalttäter mit seinem Überfall (abgesehen von den strafrechtlichen Folgen) für die Zukunft neues Karma schaffen, in dem er sich dann selbst mit den Folgen seines Verhaltens so konfrontiert, das ein Ausgleich möglich wird. Die Straftat wäre dann also keineswegs „notwendig“ gewesen als Wirkung aus der Vergangenheit heraus, aber ihre Folgen könnten

Notwendigkeiten in die Zukunft hinein schaffen. Wie diese genau aussehen, kann ich nicht wissen. „Ob aber ein Erlebnis des Menschen die Wirkung seiner karmischen Vergangenheit oder die Ursache einer karmischen Zukunft ist: Das muss im Einzelnen erst festgestellt werden", hält Steiner fest. (GA 34, S. 371)

Steiner hält auch fest, manche Menschen würden es sich zu leicht machen und zum Beispiel voraussetzen: „Wenn diesen Menschen ein Ziegelstein beschädigt hat, so muss er sich diese Beschädigung karmisch verdient haben. Dies ist aber durchaus nicht notwendig. Im Leben eines jeden Menschen treten fortwährend Ereignisse auf, die mit seinem Verdienst oder seiner Schuld in der Vergangenheit durchaus nichts zu tun haben. Solche Ereignisse finden ihren karmischen Ausgleich eben in der Zukunft." (GA 34, S. 362)

Karma ist also keine geschlossene, in der Vergangenheit verursachte Kausalkette, denn das würde ein komplett mechanistisches Weltbild voraussetzen. „Karma ist das große Gesetz der Weltengerechtigkeit. Aber man darf Karma nicht fatalistisch verstehen", sagt Steiner. „Es brauchen nicht alle Ereignisse Folgen aus der Vergangenheit sein. Es kommen auch neue

Dinge an den Menschen heran, die dann in späteren Leben ihren Ausgleich finden." (GA 94, S. 148) Wenn jedes Ereignis allein Folge eines anderen wäre, müsste es wieder durch ein neues ausgeglichen werden, und dieses ebenfalls. Das würde eine nie abreißende Kette bedeuten und einen ausweglosen Determinismus.

Offenbar hat sich schon Buddha seinerzeit gegen solche Verkürzungen gewendet, weil sie einem bloßen Fatalismus gleichkämen. So hätten damals beispielsweise die Brahmanen das Prinzip des Karma zur Legitimation des Kastenwesens verwendet: „Im extremen Fall kam es zur Meinung, alles, was dem Menschen im gegenwärtigen Leben zustoße, sei Auswirkung vergangener Taten. Gautama kritisierte diese Anschauung: Wäre alles von vorherigen Ursachen bestimmt, träfe dies auch auf das zu, was im Augenblick als absichtsvolle Tat erscheint." Jede freie Bemühung um eine Weiterentwicklung wäre sinnlos, wenn alles bereits festgelegt wäre. „Jene, die ihre gegenwärtige Situation und ihr Handeln als Wirkungen früherer Taten erklärten, galten Gautama als *geistig Unklare und unbeherrscht Lebende*, die eine mechanische Welt dem Bekenntnis zur momentanen Tat vorziehen." (Volker Zotz, *Buddha*, S. 33)

Leider hat unser Verstand eine starke Affinität zum mechanischen Denken. Wenn dann jemand meint, zu einer vermeintlich höheren Erkenntnis karmischer Zusammenhänge zu gelangen – aber eben schlussfolgernd und pauschal – dann können tatsächlich Urteile entstehen, bei denen man die Ebenen vermischt: Dann müssen Opfer grundsätzlich an ihrem Leid „schuld" sein, weil Karma angeblich so „funktioniert".

Karma und Mitgefühl

Rudolf Steiner regt zur Bildung eines Gefühls für das eigene Schicksal an, sich eine Reihe von Ereignissen im eigenen Leben so anzuschauen, als habe man sich diese Ereignisse – auch wenn es schmerzliche sein mögen – selbst arrangiert. Ein Beispiel: Wir werden von einem geliebten Menschen verlassen. Wir verstehen es zunächst nicht, wollen es nicht wahrhaben, leiden unter der Trennung. Eine lange, bittere Zeit folgt. Erst viel später im Rückblick kann uns vielleicht klarwerden: Dieser geliebte Mensch hatte ganz andere Lebensvorstellungen, die zu den meinen gar nicht passten. Er hatte Gründe, zu gehen.

Aber er hat auch etwas bei mir gelassen: Bestimmte Motive, die wir gemeinsam hatten, die für den Anderen aber nicht mehr gültig waren, habe ich selbst nach der Trennung noch viel intensiver weiterverfolgt, sie sind mir sogar zum bestimmenden Lebens-Inhalt geworden, der mich seither bestimmt: Diese Richtung hätte mein Leben ohne das Verlassen-Werden gar nicht nehmen können – und von heute aus sieht es sogar sinnvoll aus, fast so, als hätte ich selbst es gar nicht anders gewollt. Auf der Ebene des Alltagsbewusstseins hätte ich diese Ereignisse so nie gewollt, sondern mich mit allen Mitteln dagegen gewehrt. Im Karma jedoch wirkt gerade nicht das bewusste Ich, sondern es wirken überbewusste Faktoren.

Ob ich mir auf einer tieferen Ebene etwas selbst zugefügt habe und wenn ja, ob ich das dann für mich annehmen kann, ist eine zentrale Frage, die nicht nach außen delegiert werden kann. Jemand anderem zu sagen: „Du hast das alles selbst so gewollt, das ist eben Karma“, ist nicht nur übergriffig, sondern auch ohne tiefere Wirklichkeit, weil sich solche Situationen von außen gar nicht beurteilen lassen. An dieser Stelle kann der differenzierte Blick hilfreich sein, den die Therapeutin Renate Hölzer-Has-

selberg einmal in einem Interview zum Zusammenhang von Krankheit und Karma entwickelt hat:

„Es gibt einen schönen Satz des Mediziners Victor von Weizsäcker, der sinngemäß lautet: Lass keine Krankheit vorübergehen, deren Sinn du nicht erschlossen hast. Wenn also diese Frage kommt: ‚Was hat das mit mir zu tun?‘, dann wird eine Antwort darauf Menschen, die zuvor bereits eine spirituelle Lebenseinstellung hatten, etwas leichter fallen. Denn am Ende gilt hier, was Viktor Frankl einmal so gesagt hat: ‚Was also ist der Mensch? Er ist das Wesen, das immer entscheidet, was es ist.‘ Diejenigen Menschen, die dann irgendwann ihre Kraft nicht mehr in den Widerstand, nicht in irgendeine Schuldzuweisung oder in ein ‚Hätte ich doch nur nicht‘ stecken, sondern die es ganz tief fühlen können: Es hat mit mir zu tun, bei denen verändert sich dann etwas. Und vielleicht kann dann noch zusätzlich der Gedanke hinzukommen: Das Karma ist immer gut… Man kann das keinem Menschen von außen ‚anbieten‘, das wäre zynisch, wenn er gerade viel Leid erlebt, auch in der Therapie ist das nicht gut. Einen Menschen von außen belehren, vor allem, wenn er in Not ist, bedeutet fast immer, ich will mich

auf keine emotionale Beziehung einlassen. Wir flüchten dann aus der geforderten Empathie und Mitleidsfähigkeit in abstrakte Ratschläge und Verhaltensformen. Wir verwenden eine Formel. Da wird dann etwas an sich Wahres wie ein Surrogat eingesetzt anstelle einer Beziehung. Nur ich selbst kann mir sagen – wenn ich denn dahin komme –: mein Karma ist gut. Ich kann mir vielleicht klarmachen: Ich leide, vordergründig habe ich das nicht gewollt, aber in einem tieferen Sinne vielleicht doch, weil es mit meiner Entwicklung zu tun hat." (*Zeitschrift info3* 3/2023)

In keinem Fall also geht mit dem Karma-Begriff eine irgendwie distanzierte Lieblosigkeit einher, die ja auch so gar nicht zu echter Spiritualität beziehungsweise Esoterik passen würde.

4. Karma ist Entwicklung jenseits von Strafe

Reinkarnation und Karma spielen in einer Dimension lebendiger Weisheit, die man mit dem Verstand und mit bloßen Gemütsurteilen nicht erreicht. Wenn ich das ernst nehme, ist auch Umsicht geboten im Umgang mit einigen überlieferten Äußerungen Rudolf Steiners über den Zusammenhang von Karma und Krankheit, die nicht rezeptartig übernommen werden dürfen. Steiner hat vereinzelt über die karmischen Bedingtheiten einiger (längst nicht aller!) Krankheiten gesprochen, beispielsweise, wenn er ausführte: „So können wir drei aufeinanderfolgende Inkarnationen in ihren Wirkungen karmisch verfolgen: Oberflächlichkeit und Flatterhaftigkeit in der ersten Inkarnation, Hang zur Lügenhaftigkeit in der zweiten und physische Krankheitsdisposition in der dritten Inkarnation. Da sehen wir Karma an Gesundheit und Krankheit arbeiten." (Rudolf Steiner, GA 120, S. 74ff.) – Derartige Zusammenhänge über moralische De-

fizite, die sich inkarnationsübergreifend in organischen Krankheitsneigungen niederschlagen, mag es geben, und doch bleibt die Frage, wie ich selbst damit umgehe. Grundsätzlich sind Bezüge zwischen inneren Haltungen und körperlichem Ausdruck in der Psychosomatik nichts Unbekanntes. Dass es so etwas auch inkarnationsübergreifend geben könnte, ist also denkbar. Nur sollte im Bewusstsein behalten werden, dass ich solche Hinweise nicht wie eine quasi mechanische „Gesetzlichkeit" in mein eigenes Denken übernehmen kann. Für mich persönlich gebietet die innere Redlichkeit, dass ich eine solche Aussage, die ja nicht meine eigene Erkenntnis darstellt, auch nicht lehrhaft verbreiten oder zur Beurteilung anderer Menschen heranziehen kann. Ganz grundsätzlich ist der Umgang mit dem persönlichen Karma für mich eine so intime und sensible Angelegenheit, dass jede von außen kommende Diagnose mir fehl am Platz erscheint.

Außerdem gibt es bei Rudolf Steiner sehr unterschiedliche Aussagen über die Hintergründe von Krankheitsbildern. So hat er beispielsweise in einem anderen Kontext erklärt, eine menschliche Seele könne in einem vorherigen Leben so schlimme Dinge erlebt haben, dass

sie im Moment der neuerlichen Verbindung mit einem physischen Leib vor dieser Verbindung zurückschreckt und deshalb den Leib nur unvollständig ergreifen und durchdringen kann. Die Folge sei dann beispielsweise eine mangelnde Gebrauchsfähigkeit des Gehirns mit entsprechenden äußeren Symptomen. (GA 99, S. 49) In einem solchen Fall hätte die Erkrankung zwar mit einem früheren Leben zu tun, aber so, dass man gerade *nicht* von einer irgendwie selbstverantworteten Veranlagung sprechen kann.

Bei Rudolf Steiner, der wie kein anderer im 20. Jahrhundert für die Bewusstmachung der Wiederverkörperung eingetreten ist, muss man also immer auf mindestens zwei Ansichten zu einer Sache gefasst sein. Zum Beispiel sagte er auch dieses hier:

„Daher dürfen wir eigentlich niemals ganz zufrieden sein, wenn wir im bloß trivialen Sinne sagen: Befällt mich eine Krankheit, so habe ich sie mir durch mein Karma zugezogen. – Denn wir sollen in diesem Falle nicht bloß an das Karma in der Vergangenheit denken, dass also die Krankheit ein Abschluss sei, sondern wir sollen sogar daran denken – die Krankheit ist ja nur das zweite Glied –, dass wir in der Krankheit die sich ergebende Ursache haben für die

Schaffenskraft und Tüchtigkeit für die Zukunft.“ Will heißen: im Durchmachen einer Erkrankung kann durchaus ein unbewusster Zukunftsentschluss liegen, die Kraft zu sammeln, die für eine besondere Aufgabe auch in einem künftigen Leben nötig ist. „Wir missverstehen Krankheit und Karma durchaus, wenn wir immer nur auf die Vergangenheit schauen; dadurch wird Karma etwas, was, man möchte sagen, nur ein ganz zufälliges Schicksalsgesetz darstellt. Karma wird aber zu einem Gesetz des Handelns, der Fruchtbarkeit des Lebens, wenn wir in der Lage sind, durch das Karma von der Gegenwart in die Zukunft zu schauen.“ (GA 107, S. 233) Ganz ähnlich auch diese Aussage Steiners: „Eine Krankheit, die mich jetzt trifft, braucht gar nicht die Folge früherer seelischer Schwäche zu sein, sondern es kann eine Krankheit zuallererst auftreten. Alles gleicht sich aus, aber nicht so, dass man einfach alles auf die Vergangenheit schiebt.“ (GA 224, S. 22)

Krankheit und Behinderung

Manche Kritiker fürchten, dass „karmische Diagnosen" zur Verurteilung und Lieblosigkeit gegenüber Hilfsbedürftigen werden können – sie seien ja „selbst schuld". Wir haben bereits gesehen, was von solchen äußerlichen Diagnosen zu halten ist. Mitunter wird von Kritikern auch unterstellt, Anthroposophinnen und Anthroposophen betrachteten Krankheiten oder Behinderungen als karmische „Strafe". Mit diesem Begriffs-Vorwurf lässt sich dann das Karma-Motiv skandalträchtig aufladen, weil diese Sichtweise tatsächlich mitleidlos wäre. So etwa hat Dietrich Krauss, Autor und Redakteur der ZDF-Sendung *Die Anstalt*, im Oktober 2022 in einem Podcast der Heinrich-Böll-Stiftung Baden-Württemberg gesagt, es gebe „anthroposophische Behinderteneinrichtungen, die betrachten Behinderung als eine Strafe von Fehlverhalten aus dem letzten Leben. Also das ist so eine menschenfeindliche Ideologie und dass man solchen Leuten offiziell die Betreuung von gehandicapten Menschen übergibt, das finde ich einfach fahrlässig." Hier wird Empörung geschürt. Aber die Befürchtung, dass der äußerliche Verweis auf Karma eine innere Beziehung zu Unterstützungsbedürftigen

gar nicht entstehen lässt, ist immerhin denkbar. Zweierlei ist deshalb wichtig und richtig: Zum einen verwendet Rudolf Steiner den Begriff der „Strafe" gar nicht im Zusammenhang mit Karma – Karma „bestraft" nicht. Und zweitens und noch wichtiger hat Steiner selbst vor einem durch Karma-Denken möglicherweise abgedämpften Mitleidsempfinden ausdrücklich gewarnt, als er im Blick auf kranke Menschen sagte: „Das muss sich der Anthroposoph klarmachen, dass das Karma dieser Menschen nichts zu tun hat mit dem, was er tun darf, und dass er etwa einem Menschen nicht helfen dürfte, weil er – trivial gesprochen – an das Karma glaubt, dass der Mensch dieses Schicksal selbst herbeigeführt habe. Das ist es gerade, wozu uns das Karma auffordert: dass wir den Menschen helfen, weil wir sicher sein können, dass unsere Hilfe dann für den Menschen etwas bedeutet, was in sein Karma eingeschrieben wird, und wodurch sein Karma in eine günstigere Richtung kommt. *Gerade zum Mitleid muss uns das Durchschauen der Welt führen, das auf Karma begründet ist.*" (Rudolf Steiner GA 107, S. 178ff., Hervorhebungen JH)
Es ist eindeutig: Wer den Gedanken von Karma einbezieht, wird in seiner Mitleidsfähigkeit wachsen.

Bei der von Kritikern unterstellten Vorstellung von Krankheit als „Strafe“ könnte es sich indessen auch um ein Projektionsphänomen handeln. Denn tatsächlich war (und ist?) die Vorstellung von Bestrafung durch eine höhere Macht in religiösen Kontexten aller Art erstaunlich tief verankert, auch im konfessionellen Christentum. Die Ansicht etwa, dass Eltern durch die Geburt eines behinderten Kindes von Gott „gestraft“ wurden, ist mir persönlich in einem protestantisch geprägten Umfeld durchaus noch begegnet.

Früher waren solche Vorstellungen noch viel tiefer verankert. Das *Johannesevangelium* etwa erzählt die Geschichte von der Heilung des Blindgeborenen. Als die Gruppe um Jesus an einem blind geborenen jungen Menschen vorbeikommt, fragen ihn seine Jünger: „Rabbi, wer hat gesündigt, dieser oder seine Eltern, dass er blind geboren ist?“ Die Frage bestätigt zunächst, dass damals der Zusammenhang des körperlichen Gebrechens mit einer moralischen Verfehlung wie selbstverständlich angenommen wurde. Rein theoretisch ließe sich hier die eine der angenommenen Alternativen sogar als Indiz für Reinkarnationsdenken lesen: Denn wenn nicht die Eltern, sondern der junge Mensch „ge-

sündigt“ hätte, dann müsste dies zwangsläufig, da er ja bereits blind geboren wurde, vor seiner Geburt geschehen sein. Jesus gibt aber eine Antwort, die das Sünden-Denken ganz grundsätzlich aus diesem Fall nimmt: „Es hat weder dieser gesündigt noch seine Eltern, sondern es sollen die Werke Gottes offenbar werden an ihm“ – und das geschieht ja dann durch ihn selbst in Form der Heilung. Das muss jetzt übrigens auch nicht bedeuten, dass Gott dieses Blindenschicksal arrangiert hätte, damit durch die Heilung die Macht Jesu sichtbar werden könne. Jesus beschreibt einfach, was er gerade tut, sein konkretes Eingreifen, die Heilung macht „die Werke Gottes offenbar“. Über eine zurückliegende *Ursache* der Erblindung wird gar nichts ausgesagt.

Grundsätzlich wird der Karma-Gedanke zu sehr mit Vergangenem verknüpft. Wenn ich in einem früheren Leben einem Mitmenschen Unrecht getan habe, will ich das bei einer späteren Gelegenheit wieder ausgleichen. Das bedeutet aber nicht: Weil ich selbst Unrecht getan habe, wird nun – als vermeintlicher Ausgleich – an mir selbst ein Unrecht begangen. Nein: Ausgleich kann auch bedeuten, ich tue meinem Mitmenschen, der in einem früheren Leben durch mich etwas erlitten hat, zum Ausgleich etwas Gutes!

5. Karma vertieft die Menschenwürde

Nachdem in den vorangegangenen Kapiteln versucht wurde, soweit das eben geht, die Möglichkeit von Wiederverkörperung und Schicksal zu skizzieren, soll anschließend noch eine ganz einfache Frage aufgeworfen werden: Was „bringt" diese Perspektive eigentlich konkret für den Alltag – ist das nicht alles, selbst wenn es möglich wäre, nur eine Sache von höchstens privater Bedeutung? Gibt es eine Bedeutung dieser Idee über das persönliche Interesse hinaus?

Ich meine: ja. Ich denke, dass die Idee der Wiederverkörperung das Potenzial in sich trägt, die sozialen Beziehungen zu vertiefen. Dazu möchte ich daran erinnern, dass die Basis allen modernen sozialen Denkens die Achtung vor der Freiheit des Anderen darstellt – im deutschen Grundgesetz prominent zusammengefasst im Begriff der Menschenwürde, die nicht antastbar ist. Will sagen: jeder einzelne Mensch stellt einen absoluten Wert für sich dar, der, mit

Kant gesprochen, nicht zu einem Mittel gemacht werden darf.

Dieser absolute Wert bedarf aufgrund eben jener Absolutheit keiner zusätzlichen Begründung. Mir scheint aber, dass er sich durch die Idee der Wiederverkörperung sozusagen nach innen vertiefen lässt. Die Würde des Individuums wird noch kostbarer, wenn man die Dimension der Reinkarnation hinzunimmt. Eine größere Würdigung des Individuums als die, von jedem einzelnen Menschen als einer „Gattung für sich" zu sprechen, wie es Steiner tut, (siehe Kapitel 2), ist kaum denkbar.

Aber hier ist ein Einwand möglich: Relativiert nicht die Perspektive mehrfacher irdischer Biografien den Rang der jeweils einzelnen Individualität? Wie ist es denn, wenn der Tod nicht mehr die letzte Grenze darstellt, sondern – zumindest: auch – einen Übergang? Ich meine, man muss diesen Einwand ernst nehmen, denn die Bedeutung dieses einen menschlichen Lebens darf tatsächlich nicht durch den Reinkarnationsgedanken verkleinert werden. Gerade wenn wir den Tod eines lieben Menschen miterleben, wird uns klar, wie sehr wir aus der eigenen irdischen Sicht das Endgültige eines jeden Erdenabschieds erfahren. Das muss und darf mit all

seiner Trauer um einen solchen Verlust auch sein, es gehört zentral zum Menschsein und ein Reden in der Richtung „Nun ja, diese Seele wird ja wiedergeboren werden in einem nächsten Leben“ bekommt leicht etwas Sentimentales und Unangebrachtes, wenn damit ein berechtigter Schmerz ausgeblendet werden soll.

Gleichzeitig gilt auch etwas anderes, für das ich auf eine Erfahrung verweisen möchte, die mich persönlich auf sehr eindrucksvolle Weise mit einer Frage konfrontiert hat. Es gibt einen wunderbaren Dokumentarfilm über die bekannte Übersetzerin Swetlana Geier, die unter anderem alle großen Romane Dostojewskis neu ins Deutsche übertragen hat. Sie hatte ein schweres familiäres Schicksal zu tragen, insbesondere verlor sie ihren geliebten Vater, durch den sie in Kiew Deutsch gelernt hatte, durch die sowjetischen Apparatschicks, arbeitete während des Weltkriegs für die Deutschen und musste beim Rückzug der Wehrmacht aus der Ukraine wegen der Sicherheit mit nach Berlin ziehen. Der Film mit dem Titel *Die Frau mit den fünf Elefanten* macht sichtbar, wie ihre besondere Lebenserfahrung in ihre außerordentliche Übersetzungstätigkeit eingeflossen ist. Weil Swetlana Geier inzwischen verstorben war, stellte sich mir

nach dem Ansehen des Films die Frage: Es kann doch eigentlich nicht sein, dass eine solche wunderbare menschliche Substanz, wie sie diese Frau in ihrem Leben realisieren konnte, am Ende wieder ins Nichts versinkt und höchstens noch in ihren Wirkungen und in der Erinnerung der Nachkommen fortwirkt. Es schien mir, um diesen vielleicht befremdlichen Ausdruck doch zu verwenden, in einer größeren Perspektive geradezu „unökonomisch" zu sein, dass in der Welt solche persönlich-menschlichen Qualitäten entstehen, nur um dann wieder, wie eine schöne Blume, am Ende zu welken und zu vergehen. Was ich hier bei dieser Übersetzerin so intuitiv empfand, kann als Gedanke natürlich ebenso angesichts eines Dietrich Bonhoeffer oder einer Mutter Theresa auftauchen: Solche Blüten des Menschlichen können doch nicht einfach wieder ins Nichts versinken! Diese Empfindung ist aber nicht auf mehr oder weniger prominente und herausragende Persönlichkeiten begrenzt; was sich bei mir angesichts der Biografie von Swetlana Geier eingestellt hat, mag sich selbstverständlich auch bei vielen anderen Verstorbenen als Gefühl einstellen, denn letzten Endes ist bei jedem Menschen etwas Blütenhaftes zu entdecken, angesichts dessen

die Frage entstehen kann: Wo bleiben sie denn, außer in der Erinnerung?

Mir kam dann der tiefgründige Satz Goethes gegenüber Eckermann in den Sinn, der gesagt hat: „Die Überzeugung unserer Fortdauer entspringt mir aus dem Begriff der Tätigkeit. Denn wenn ich bis an mein Ende rastlos wirke, so ist die Natur verpflichtet, mir eine andere Form des Daseins anzuweisen, wenn die jetzige meinem Geiste nicht ferner auszuhalten vermag“ (zu Eckermann am 4. Februar 1829). Und in einem Gespräch mit Falk äußerte er ähnlich: „Ich bin gewiss, wie Sie mich hier sehen, schon tausendmal dagewesen und hoffe wohl noch tausendmal wiederzukommen.“ (25. Januar 1813) Wenn es tatsächlich so wäre, dass die Substanz eines Menschen mit dem Tod nicht vergeht, sondern mit ihren erworbenen Qualitäten, umgewandelt in neue Fähigkeiten und Talente, ihren Weg für sich und die Welt fortsetzt, dann wäre das nicht nur ein Trost, es wäre aus meiner Sicht auch zutiefst sinnvoll. Bei beiden Perspektiven, dem Trost und dem Sinn, gilt es natürlich sich bewusst zu bleiben, dass das beides Bedürfnisse sind, die eine Annahme der Wiederverkörperungsidee begünstigen können, für sich genommen aber natürlich keine Überzeugungskraft

haben. Außerdem können insbesondere religiöse Naturen auch tiefen Trost erfahren, ohne an Reinkarnation zu glauben.

Trotzdem und eingedenk dieser möglichen Einwände möchte ich noch einen anderen Gedanken anschließen, der mit dem Thema Trost zu tun hat. Wie wir gesehen haben, spielt auch in den Religionen die Hoffnung auf ein Prinzip göttlicher Gerechtigkeit eine große Rolle im Blick auf die tiefen Ungerechtigkeiten in der Welt, nicht zuletzt jenen, die von Menschen anderen Menschen zugefügt werden. Wie viele Lebensfäden werden nicht brutal, willkürlich und grausam abgeschnitten? Angesichts solchen Leids in der Welt hat sich schon immer die Frage der Theodizee gestellt, also die Frage der Rechtfertigung Gottes angesichts des Übels in der Welt. Die Idee der Wiedergeburt öffnet hier eine andere Perspektive, die ich mit aller nötigen Vorsicht als Möglichkeit hinstellen möchte: Wenn es ein neues Leben nach dem Leben gäbe, dann wäre das Erleiden von Schmerz und willkürlichem Tod nicht der letzte, sinnlose Akt, es sinken all diese Menschen nicht ins Nichts – und was ihnen angetan wurde, kann ihr Innerstes nicht antasten, es gibt eine Zukunft für sie, es gibt Hoffnung, sie werden wiederkommen.

Das macht, um es ausdrücklich zu sagen, nichts besser an ihrem Leid, es mindert nichts an der Verantwortung der Täter, sofern es Opfer von Gewalttaten sind, und es rechtfertigt selbstverständlich in keiner Weise, was ihnen angetan wurde. Es verleiht ihrem Leid auch keinen nachträglichen „Sinn", das wäre vermessen – aber es gibt einen Ansatz von Trost, ganz ähnlich wie religiöse Menschen auch Trost in der Vorstellung finden können, dass der Mensch mit seinem Schmerz und Leid letztlich in der Gerechtigkeit und Güte Gottes aufgehoben sein wird. Ich persönlich finde auch die Idee der Wiederverkörperung gütig.

Praktische Wirkungen

Eine andere Dimension der Idee von Wiederverkörperung und Schicksal betrifft unser konkretes Zusammenleben und -wirken. Ich denke, dass dieses Prinzip den Resonanzraum der menschlichen Begegnung weiten kann. Für Ärztinnen, Pädagogen und Therapeuten etwa kann das Einbeziehen der Wiederverkörperung eine Sichtweise sein, eine Individualität in einen größeren Zusammenhang zu stellen: Dieses Schul-

kind vor mir kommt bereits mit einer eigenen Geschichte, mit eigenen Intentionen und bringt seine eigenen Fähigkeiten und Aufgaben mit. Das kann den Respekt vor der Einzigartigkeit und auch den Eigenarten des Anderen stärken, ohne dass ich mich dabei für karmische Einzelheiten interessieren müsste. Nebenbei: dass an Waldorfschulen bei der Aufnahme von Kindern ihre „karmische Herkunft" untersucht werde, wie das beispielweise einmal von Nora Imlau bei *Zeit Online* behauptet wurde, ist blanker Unsinn. – Ein anderes Beispiel: In der Sozialtherapie habe ich es mit einem behinderten Menschen zu tun, der für mich unmittelbar und vorrangig diese einzigartige Individualität darstellt, die ich schon qua ihres Menschseins mit dem größten Respekt zu behandeln habe. Der anthroposophische Arzt und Heilpädagoge Karl König, Gründer der Camphill-Bewegung, hat über den Menschen mit Behinderung gesagt: „Wie sehr auch seine Individualität verdeckt sein mag durch viele Schichten des Unvermögens, der Gelähmtheit, von unkontrollierten Gefühlen, wir müssen trotzdem versuchen, durch diese Schichten durchzubrechen, um das Heiligste jedes Menschen zu erreichen." Es könnte sein, dass das Einbeziehen von Wieder-

verkörperung dieses Freilegen einer tieferen Schicht im Menschen erleichtert: Es ist eine Individualität, die mir in diesem Leben mit körperlichen und seelischen Einschränkungen entgegentritt, in deren Wesenskern aber ein unbeeinträchtigter Geist lebt, der aus einer eigenen Vergangenheit kommt und in eine eigene Zukunft geht – immer in Entwicklung. Diese Einstellung: dass sich in einem Menschen mit Behinderung ein geistiges Wesen verkörpert hat, könnte sogar einen Schutz bilden gegen übergriffige Vorstellungen, wonach ein solches Leben „weniger wert" sei, weil es nicht das volle Potenzial eines „gesunden" Menschen ausschöpfen könne. Dies ist eben nur eine vorübergehende Perspektive – wer weiß, was ein behinderter Mensch alles lernt, gerade weil er größere Schwierigkeiten hat als ein Mensch ohne Beeinträchtigungen? Was vermag er an besonderen Fähigkeiten ausbilden, die von der diesseitigen Perspektive gar nicht erfassbar sind?

„Nach mir die Sintflut" geht nicht mehr

Zuletzt möchte ich noch eine ökologische Dimension des Prinzips hervorheben. Wie viel von dem schädlichen Verhalten von uns Menschen entstammt nicht der Gedankenlosigkeit, mit der wir in die Zukunft sehen (oder eben *nicht* sehen): Das beginnt mit der achtlos weggeworfenen Plastiktüte, die noch Jahrzehnte auf der Erde herumfliegen wird und endet nicht mit den zahllosen Altlasten, die wir im Zusammenhang mit der Industrieproduktion hinterlassen. Leider ist hier immer noch die Haltung weit verbreitet, die sich in der Formulierung „nach mir die Sintflut" kleiden lässt. Auch losgelöst von persönlichen „Umweltsünden" meint man, dass erst die derzeit jüngere Generation die ganze Last der Umweltkatastrophe wird tragen müssen, man selbst jedoch, sofern man nicht mehr so lange zu leben hat, nicht mehr. Wenn man Wiederverkörperung in Betracht zieht, ändert sich der Urteilszusammenhang grundlegend: Wer sich mit den Folgen seines Tuns und seines (Unter-)Lassens auch in Zukunft persönlich verbunden weiß, weil sie karmisch mit ihm zu tun haben und – wie auch immer – auf ihn zurückkommen werden, der wird seinen

eigenen „ökologischen Fußabdruck“ noch einmal anders anschauen als jemand, für den das Leben mit dem Tod endgültig vorbei ist.

Die eigene Existenz innerhalb jener Schicksalsgemeinschaft zu begreifen, die letzten Endes die ganze Menschheit umfasst, bildet eine weitere, noch kaum zu begreifende Dimension der Wiederverkörperungs-Idee: Denn durch Reinkarnation wird „Menschheit“ plötzlich mehr als nur eine abstrakte und summarische Idee. Menschheit ist dann eine Realität, welcher jeder einzelne Mensch angehört, indem er sie durch seine wiederholten Erdenleben konkret mitprägt. Das resignative Bild der Klimaaktivisten einer „letzten Generation“ kann hier nicht das letzte Wort sein: denn wir sind als Menschheit auf einer gemeinsamen Entwicklung mit der Erde, wir brauchen die Erde – aber die Erde braucht auch uns! Bis zur wirklich letzten Generation, die am Ende der Inkarnationen mit der Erde zu einer neuen, noch gar nicht vorstellbaren Reise aufbrechen wird, die auch Visionäre wie Rudolf Steiner nur andeuten.

6. Ein Ausblick

Wenn ich am Ende dieser Betrachtung ein Fazit ziehen soll, muss ich gestehen: Angesichts der gewaltigen Dimensionen von Reinkarnation und Karma stehen wir noch weitgehend am Anfang des Verstehens. Die offenen Fragen überwiegen die Antworten bei weitem. Wenn ich vernünftig über Karma denken will, so hat sich gezeigt, dass ich viel im Konjunktiv reden muss.

Aber wir haben eine Spur gelegt. Denn immerhin können wir aus der seelischen Selbstbeobachtung heraus ein nicht reduzierbares Ich, eine Geistseele identifizieren, der wir eine eigenständige Existenz jenseits des Körperlichen zutrauen. Wenn wir annehmen, dass diese Geistseele auch nach dem Tod in irgendeiner Weise weiter existiert, dann bildet die Idee der Wiederverkörperung die am meisten mit Sinn gesättigte Version der individuellen Unsterblichkeit. Wenn wir den Horizont noch erweitern

und den Gedanken der Evolution der Welt einbeziehen, dann zeigt sich, dass die Weiterentwicklung der menschlichen Persönlichkeit über Geburt und Tod hinaus tiefen Sinn ergibt. Denn es ist der Mensch, in dem sich der in der Evolution stufenweise „nach oben" entwickelnde Geist selbst erfasst, wo der menschliche Geist mit dem Geistigen in der Wirklichkeit bewusst in Kontakt tritt, und wo eine Individualisierung des Geistigen stattfindet. In jedem einzelnen Menschen, in jeder einzelnen Individualität spielt sich noch einmal eine eigene Evolution ab, es entstehen eigene geistige Abstammungslinien, die es so zuvor in der Wirklichkeit noch nicht gab. Es entstehen geistige Individualitäten nicht nur als Spielarten der allgemeinen Menschlichkeit, wie es auch im Tierreich charakterlich unterschiedliche Varianten innerhalb der einzelnen Arten gibt, sondern es entstehen mehr noch: werdende Repräsentanzen humanitärer Geistigkeit, die es ohne Individualisierung gar nicht gäbe. Man könnte sagen: Gerade wenn man den für die Moderne charakteristischen Gedanken aufgreift, dass alle Erscheinungen der Welt von den Galaxien über die Entstehung der Erde bis hin zum Menschen durch Evolution zu verstehen sind, offenbart

sich das Prinzip der Wiederverkörperung als schlüssige Konsequenz der Evolution für den Menschen – als individuelle Evolution und als Evolution der Individualität. Karma ist der fließende Kitt auf diesem Weg: das Prinzip, das die mit aller Entwicklung verbundenen Irrtümer und Verfehlungen, aber auch erfolgreiche Zwischenergebnisse aufbereitet und für ständige Weiterentwicklung sorgt. Wie sehr unser Alltagsleben von diesem weitgehend unbewussten Kitt getragen wird, beginnen wir erst zu ahnen.

Wiederverkörperung und Schicksal sind gegenwärtig noch wie ein Keim – die damit verbundenen Folgen im Blick auf die Beschaffenheit der Welt und der Wirklichkeit aber wären immens. Die Idee der Wiederverkörperung ändert alles: unser Denken über uns selbst als geistige Wesen, unsere auf das Diesseits begrenzte Weltsicht, unsere Annahmen über Wirkungen, die über die physische Kausalität weit hinausgehen, unser Gefühl für Verantwortlichkeit und Verbundenheit. Von den unsichtbaren Netzen des Schicksals sind wir zwar ständig umgeben, aber wir sehen davon erst zarte Fäden. Sie sind gewoben aus einer mehr als menschlichen Moralität und Spiritualität, weshalb sich der Verstand an dieser erweiterten Wirklichkeit Beulen

holen muss. Es droht außerdem immer ein Abrutschen in Spekulationen, in Neugier und Selbsttäuschung bei diesem Thema, wenn wir die Kluft zum Noch-Nicht-Begriffenen mit spekulativen Deutungen überbrücken wollen.

Soviel steht fest: Karma ist, entgegen der jetzt häufig salopp daherkommenden Alltagsverwendungen, nichts rational Eindeutiges, aber auch nichts Romantisches oder Sentimentales. Es hat mit einer Qualität von Weisheit zu tun, der unser Alltagsbewusstsein noch kaum gewachsen ist und angesichts derer wir uns nicht wundern müssen, wenn Kritiker diese Vorstellung ohne jedes Verständnisbemühen in Bausch und Bogen verdammen.

Der Philosoph Markus Gabriel hat einmal im Plauderton eines Podcasts mit Matze Hielscher gesagt, dass er überzeugt sei, dass es Schicksal gibt, nämlich deswegen, weil „Tinder irgendwann endet". Wie das? Die Dating-Plattform Tinder wird überflüssig, wenn das Schicksal mich mit dem richtigen Partner oder der richtigen Partnerin in Kontakt gebracht hat. Markus Gabriel hat dies offenbar selbst mit seiner Frau erlebt. Und er verwies, ohne Details zu verraten, auf das Phänomen der Synchronizitäten, also solcher Geschehnisse in unserem Le-

ben, die wie zufällige Gleichzeitigkeiten wirken, aber sich – meist erst im Nachhinein – als höchst sinnvoll und fruchtbar erweisen, vor allem in Hinblick auf die Anbahnung wichtiger menschlicher Beziehungen, die aber in dieser Weise niemals planbar gewesen wären. Wer kennte sie nicht, diese unerwarteten Begegnungen durch verpasste Züge und verschobene Anschlüsse, die scheinbar anlasslosen Blicke in Stellenanzeigen oder beiläufigen Hinweise von Freunden, aus denen sich dann lebensentscheidende Entwicklungen ergeben? Jeder und jede hat sie erlebt, bei sich selbst oder im persönlichen Umfeld, und weiß, was wir ihnen verdanken. Ohne solche Synchronizitäten oder mithin ohne Schicksalswirkungen bliebe unser Leben vollständig sinnlos, sagt Markus Gabriel. Und die Gefühle der Vertrautheit bei Menschen, die man gerade erst kennengelernt hat, die vielfältigen Schwierigkeiten, durch die sich dann am Ende doch etwas Wichtiges für mein Leben ergibt – all das wäre im Grundsatz verständlicher, wenn wir die Möglichkeit von Schicksal einbeziehen. Es würde sich, über unser gewohntes, zentriertes Selbstverständnis hinaus eine neue Schicht unseres Selbst andeuten, die nicht zu uns gehört wie unser personales Ich, sondern die

uns begleitet als das uns Geschickte, als Netz unserer biografischen Hemnisse und Fördernisse, eine Art peripheres Selbst, das in die Welt und ihre subtilen Prozesse verwoben ist.

Wiederverkörperung und Schicksal würden aber nicht nur im Blick auf Beziehungen und das persönliche Leben, sondern auch in Bezug auf unser Weltbild insgesamt einen vollständigen Paradigmenwechsel mit sich bringen. Um es abschließend noch einmal zu betonen: Wiederverkörperung und Schicksal bilden den größten denkbaren Gegensatz zum naturalistischen Reduktionismus, für den es nur empirische Daten gibt. So gesehen ist nichts so wirkungsvoll für die Erweiterung der derzeit herrschenden Weltanschauung wie die Idee von Reinkarnation und Karma. Sie hat ihre Zukunft noch vor sich.

Jens Heisterkamp im Info3 Verlag

Eine Auswahl

Jens Heisterkamp

Anthroposophische Spiritualität

Denken, Meditation und geistige Erfahrung bei Rudolf Steiner. Eine Einführung

2. Auflage 2016, 136 Seiten, Klappenbroschur, € 7,90

ISBN 978-3-95779-020-0

Jens Heisterkamp

Schöne neue Wirklichkeit

Sieben post-faktische Denkblockaden und ihre Überwindung

1. Auflage 2017, 130 Seiten, Broschur, € 12,80

ISBN 978-3-95779-055-2

Abdullah Takim, Jens Heisterkamp

Gott gehört der Osten und der Westen

Islamisches Denken im Dialog

Mit einem Geleitwort von Helmy Abouleish

1. Auflage 2019, 148 Seiten, Klappenbroschur, € 14,90

ISBN 978-3-95779-107-8

www.info3.de

Die Schlanke Reihe im Info3 Verlag
Besinnlich, anregend, prägnant

Johannes Kiersch
Von der Steinzeit bis zum Great Reset
Ein Anthroposoph versucht, sich nach Corona zurechtzufinden
Schlanke Reihe Band 1
78 Seiten, Klappenbroschur, € 9,90
ISBN 978-3-95779-148-1

Jahn Finkas
Kleines Pandemisches Glossar
Versuch einer Aufarbeitung
Schlanke Reihe Band 2
102 Seiten, Klappenbroschur € 9,90
ISBN 978-3-95779-162-7

Volker Fintelmann
Im Leben das Sterben üben
Anregungen zu einem bewussten Umgang mit dem Tod
Schlanke Reihe Band 3
72 Seiten, Klappenbroschur, € 9,90
ISBN 978-3-95779-166-5

www.info3.de

Alma Wichmann-Erlen

Flieg, Emmy, flieg!

Kauderwelsch und Geistesgegenwart einer demenzerkrankten großen Seele

Schlanke Reihe Band 4

100 Seiten, Klappenbroschur, € 9,90

ISBN 978-3-95779-169-6

Thomas Krämer

Raphael: Historische Person und ewige Individualität

Anmerkungen zum Rätsel einer biografischen Signatur

Schlanke Reihe Band 5

90 Seiten, Klappenbroschur, € 9,90

ISBN 978-3-95779-174-0

Volker Fintelmann

Vom Wesen der Lunge

Anschauungen eines Anthroposophischen Arztes

Schlanke Reihe Band 6

100 Seiten, Klappenbroschur, € 9,90

ISBN 978-3-95779-178-8

Volker Fintelmann

Vom Wesen des Herzens

Organ der Mitte, Wohnsitz der Seele

Schlanke Reihe Band 7

108 Seiten, Klappenborschur, € 10,90

ISBN 978-3-95779-187-0

www.info3.de

INFO3 VERLAG

Info3 Verlag
Kirchgartenstr. 1, 60439 Frankfurt
Tel. 069-58 46 47
E-Mail: vertrieb@info3.de
www.info3.de